卞尺丹几乙し丹卞と
Translated Language Learning

Y Maniffesto Comiwnyddol
The Communist Manifesto

Karl Marx & Friedrich Engels

Cymraeg / English

Cyflwyniad
Introduction

Mae sbecyn yn swyno Ewrop — y bwletin o Gomiwnyddiaeth

A spectre is haunting Europe — the spectre of Communism

Mae holl bwerau hen Ewrop wedi ymrwymo i gynghrair sanctaidd i exorcise y sbecer hwn.

All the Powers of old Europe have entered into a holy alliance to exorcise this spectre

Pab a Czar, Metternich a Guizot, Radicaliaid Ffrengig a heddlu Almaenig

Pope and Czar, Metternich and Guizot, French Radicals and German police-spies

Ble mae'r blaid mewn gwrthwynebiad sydd heb gael ei diorseddu fel Comiwnyddol gan ei gwrthwynebwyr mewn grym?

Where is the party in opposition that has not been decried as Communistic by its opponents in power?

Ble mae'r Wrthblaid sydd heb frysio gwaradwydd brandio Comiwnyddiaeth yn ôl, yn erbyn y gwrthbleidiau mwy datblygedig?

Where is the Opposition that has not hurled back the branding reproach of Communism, against the more advanced opposition parties?

A lle mae'r blaid sydd heb wneud y cyhuddiad yn erbyn ei gwrthwynebwyr adweithiol?

And where is the party that has not made the accusation against its reactionary adversaries?

Mae dau beth yn deillio o hyn

Two things result from this fact

I. Mae comiwnyddiaeth eisoes yn cael ei gydnabod gan bob Pwer Ewropeaidd i fod ei hun yn Bŵer

I. Communism is already acknowledged by all European Powers to be itself a Power

II. Mae'n hen bryd i Gomiwnyddion gyhoeddi'u barn,

nodau a thueddiadau yn agored, yn wyneb y byd i gyd.

II. It is high time that Communists should openly, in the face of the whole world, publish their views, aims and tendencies

rhaid iddynt gwrdd â'r stori feithrin hon am Spectre Comiwnyddiaeth gyda Maniffesto'r blaid ei hun

they must meet this nursery tale of the Spectre of Communism with a Manifesto of the party itself

I'r perwyl hwn, mae Comiwnyddion o wahanol genhedloedd wedi ymgynnull yn Llundain ac wedi braslunio'r Maniffesto canlynol

To this end, Communists of various nationalities have assembled in London and sketched the following Manifesto

cyhoeddir y maniffesto hwn yn yr ieithoedd Saesneg, Ffrangeg, Almaeneg, Eidaleg, Fflandryseg a Daneg.

this manifesto is to be published in the English, French, German, Italian, Flemish and Danish languages

Ac yn awr y mae i'w gyhoeddi yn yr holl ieithoedd y mae Tranzlaty yn eu cynnig

And now it is to be published in all the languages that Tranzlaty offers

Bourgeois a'r Proletarianiaid
Bourgeois and the Proletarians

Hanes pob cymdeithas bresennol hyd yma yw hanes brwydrau dosbarth

The history of all hitherto existing societies is the history of class struggles

Rhyddfreiniwr a chaethwas, patrician a plebeian, arglwydd a serf, guild-feistr a journeyman

Freeman and slave, patrician and plebeian, lord and serf, guild-master and journeyman

mewn gair, gormeswr a gorthrymwr

in a word, oppressor and oppressed

safodd y dosbarthiadau cymdeithasol hyn yn gyson yn erbyn ei gilydd

these social classes stood in constant opposition to one another

Fe wnaethant barhau i ymladd di-dor. Nawr wedi'i guddio, nawr ar agor

they carried on an uninterrupted fight. Now hidden, now open

brwydr a ddaeth naill ai i ben mewn ail-gyfansoddiad chwyldroadol cymdeithas yn gyffredinol

a fight that either ended in a revolutionary re-constitution of society at large

neu frwydr a ddaeth i ben yn adfail cyffredin y dosbarthiadau sy'n cystadlu

or a fight that ended in the common ruin of the contending classes

Gadewch i ni edrych yn ôl ar gyfnodau cynharach hanes

let us look back to the earlier epochs of history

Rydym yn gweld bron ym mhobman trefniant cymhleth o gymdeithas i mewn i wahanol orchmynion

we find almost everywhere a complicated arrangement of society into various orders

Bu graddiad amrywiol o safle cymdeithasol erioed.

there has always been a manifold gradation of social rank

Yn Rhufain hynafol mae gennym patricians, marchogion, plebiaid, caethweision

In ancient Rome we have patricians, knights, plebeians, slaves

yn yr Oesoedd Canol: arglwyddi ffiwdal, vassals, guild-masters, journeymen, prentisiaid, serfs

in the Middle Ages: feudal lords, vassals, guild-masters, journeymen, apprentices, serfs

Ym mron pob un o'r dosbarthiadau hyn, eto, graddiadau israddol

in almost all of these classes, again, subordinate gradations

Mae cymdeithas fodern Bourgeoisie wedi egino o adfeilion cymdeithas ffiwdal

The modern Bourgeoisie society has sprouted from the ruins of feudal society

Ond nid yw'r drefn gymdeithasol newydd hon wedi gwneud i ffwrdd ag antagoniaethau dosbarth

but this new social order has not done away with class antagonisms

Mae ond wedi sefydlu dosbarthiadau newydd ac amodau gormesol newydd

It has but established new classes and new conditions of oppression

Mae wedi sefydlu ffyrdd newydd o frwydro yn lle'r hen rai

it has established new forms of struggle in place of the old ones

Fodd bynnag, mae'r epoc rydyn ni'n ei gael ein hunain ynddo yn meddu ar un nodwedd unigryw

however, the epoch we find ourselves in possesses one distinctive feature

mae epoc y Bourgeoisie wedi symleiddio'r antagoniaethau dosbarth

the epoch of the Bourgeoisie has simplified the class antagonisms

Mae cymdeithas yn ei chyfanrwydd yn rhannu mwy a mwy yn ddau wersyll gelyniaethus mawr.

Society as a whole is more and more splitting up into two

great hostile camps

dau ddosbarth cymdeithasol gwych sy'n wynebu'i gilydd yn uniongyrchol: Bourgeoisie a Proletariat

two great social classes directly facing each other: Bourgeoisie and Proletariat

O serfau'r Oesoedd Canol sprang burghers siartredig y trefi cynharaf

From the serfs of the Middle Ages sprang the chartered burghers of the earliest towns

O'r bwrdeisiaid hyn datblygwyd elfennau cyntaf y Bourgeoisie

From these burgesses the first elements of the Bourgeoisie were developed

Darganfod America a thalgrynnu'r Cape

The discovery of America and the rounding of the Cape

agorodd y digwyddiadau hyn dir ffres i'r Bourgeoisie cynyddol

these events opened up fresh ground for the rising Bourgeoisie

Mae marchnadoedd Dwyrain-Indiaidd a Tsieineaidd, gwladychu America, yn masnachu gyda'r cytrefi

The East-Indian and Chinese markets, the colonisation of America, trade with the colonies

y cynnydd yn y modd o gyfnewid ac mewn nwyddau yn gyffredinol

the increase in the means of exchange and in commodities generally

Rhoddodd y digwyddiadau hyn i fasnach, mordwyo a diwydiant ysgogiad na wyddys erioed o'r blaen

these events gave to commerce, navigation, and industry an impulse never before known

Rhoddodd ddatblygiad cyflym i'r elfen chwyldroadol yn y Gymdeithas Ffiwdal Tottering

it gave rapid development to the revolutionary element in the tottering feudal society

Roedd urddau caeedig wedi monopoleiddio'r system ffiwdal

o gynhyrchu diwydiannol

closed guilds had monopolised the feudal system of industrial production

Ond nid yw hyn bellach yn ddigonol ar gyfer dymuniadau cynyddol y marchnadoedd newydd

but this no longer sufficed for the growing wants of the new markets

Cymerodd y system weithgynhyrchu le system ffiwdal diwydiant

The manufacturing system took the place of the feudal system of industry

Gwthiodd y guild-feistri ar un ochr gan y dosbarth canol gweithgynhyrchu

The guild-masters were pushed on one side by the manufacturing middle class

Gwrthodwyd rhaniad llafur rhwng y gwahanol urddau corfforaethol

division of labour between the different corporate guilds vanished

Roedd yr is-adran llafur yn treiddio i bob gweithdy unigol

the division of labour penetrated each single workshop

Yn y cyfamser, parhaodd y marchnadoedd i dyfu, a'r galw byth yn codi

Meantime, the markets kept ever growing, and the demand ever rising

Nid yw hyd yn oed ffatrïoedd bellach yn ddigon i fodloni'r gofynion

Even factories no longer sufficed to meet the demands

Ar hynny, chwyldroodd stêm a pheiriannau gynhyrchu diwydiannol

Thereupon, steam and machinery revolutionised industrial production

Cymerwyd y lle gweithgynhyrchu gan y diwydiant cawr, modern

The place of manufacture was taken by the giant, Modern Industry

Cymerwyd lle'r dosbarth canol diwydiannol gan filiwnyddion diwydiannol

the place of the industrial middle class was taken by industrial millionaires

cymerwyd lle arweinwyr byddinoedd diwydiannol cyfan gan y Bourgeoisie modern

the place of leaders of whole industrial armies were taken by the modern Bourgeoisie

Darganfod America wedi paratoi'r ffordd ar gyfer diwydiant modern i sefydlu marchnad y byd

the discovery of America paved the way for modern industry to establish the world market

Mae'r farchnad hon wedi rhoi datblygiad aruthrol i fasnach, mordwyo a chyfathrebu yn ôl tir

This market gave an immense development to commerce, navigation, and communication by land

Mae'r datblygiad hwn, yn ei amser, wedi ymateb ar ymestyn diwydiant

This development has, in its time, reacted on the extension of industry

Roedd yn ymateb yn gymesur â sut roedd diwydiant yn ymestyn, a sut roedd masnach, mordwyo a rheilffyrdd yn ymestyn

it reacted in proportion to how industry extended, and how commerce, navigation and railways extended

yn yr un gyfran ag y datblygodd y Bourgeoisie, cynyddodd eu prifddinas

in the same proportion that the Bourgeoisie developed, they increased their capital

a gwthiodd y Bourgeoisie i'r cefndir bob dosbarth a drosglwyddir o'r Oesoedd Canol

and the Bourgeoisie pushed into the background every class handed down from the Middle Ages

felly mae'r Bourgeoisie modern ei hun yn gynnyrch cwrs hir o ddatblygiad

therefore the modern Bourgeoisie is itself the product of a long

course of development
gwelwn ei fod yn gyfres o chwyldroadau yn y dulliau cynhyrchu a chyfnewid
we see it is a series of revolutions in the modes of production and of exchange
Roedd pob cam Bourgeoisie datblygiadol yn cyd-fynd â datblygiad gwleidyddol cyfatebol
Each developmental Bourgeoisie step was accompanied by a corresponding political advance
Dosbarth gorthrymedig o dan ddylanwad yr uchelwyr ffiwdal
An oppressed class under the sway of the feudal nobility
Cymdeithas arfog a hunanlywodraethol yn y comiwn canoloesol
an armed and self-governing association in the mediaeval commune
Yma, gweriniaeth drefol annibynnol (fel yn yr Eidal a'r Almaen)
here, an independent urban republic (as in Italy and Germany)
yno, "trydedd ystâd" drethadwy o'r frenhiniaeth (fel yn Ffrainc)
there, a taxable "third estate" of the monarchy (as in France)
Ar ôl hynny, yn ystod y cyfnod cynhyrchu priodol
afterwards, in the period of manufacture proper
roedd y Bourgeoisie yn gwasanaethu naill ai'r lled-ffiwdal neu'r frenhiniaeth absoliwt
the Bourgeoisie served either the semi-feudal or the absolute monarchy
neu'r Bourgeoisie yn gweithredu fel gwrth-ddweud yn erbyn yr uchelwyr
or the Bourgeoisie acted as a counterpoise against the nobility
ac, mewn gwirionedd, roedd y Bourgeoisie yn gonglfaen i'r frenhiniaethau mawr yn gyffredinol
and, in fact, the Bourgeoisie was a corner-stone of the great monarchies in general
ond sefydlodd Diwydiant Modern a'r farchnad fyd-eang ei

hun ers hynny

but Modern Industry and the world-market established itself since then

ac mae'r Bourgeoisie wedi concro drosto'i hun siglo gwleidyddol unigryw

and the Bourgeoisie has conquered for itself exclusive political sway

cyflawnodd y gogwydd gwleidyddol hwn trwy'r Wladwriaeth gynrychioliadol fodern

it achieved this political sway through the modern representative State

Mae swyddogion gweithredol y Wladwriaeth fodern yn unig yw pwyllgor rheoli

The executives of the modern State are but a management committee

ac maent yn rheoli materion cyffredin y cyfan o'r Bourgeoisie

and they manage the common affairs of the whole of the Bourgeoisie

Mae'r Bourgeoisie, yn hanesyddol, wedi chwarae rhan fwyaf chwyldroadol

The Bourgeoisie, historically, has played a most revolutionary part

Lle bynnag y cafodd y llaw uchaf, mae'n rhoi diwedd ar yr holl gysylltiadau dwyfol, patriarchaidd ac eidylig.

wherever it got the upper hand, it put an end to all feudal, patriarchal, and idyllic relations

Mae wedi rhwygo'n ddidrugaredd o dan y cysylltiadau ffiwdal mwcle a rwymodd dyn i'w "uwch naturiol"

It has pitilessly torn asunder the motley feudal ties that bound man to his "natural superiors"

Ac nid yw wedi gadael unrhyw nexus rhwng dyn a dyn, ac eithrio hunan-les noeth

and it has left remaining no nexus between man and man, other than naked self-interest

Cysylltiadau dyn â'i gilydd wedi dod yn ddim mwy na

"taliad arian parod" dideimlad

man's relations with one another have become nothing more than callous "cash payment"

Mae wedi boddi'r ecstasïau mwyaf nefol o fervour crefyddol

It has drowned the most heavenly ecstasies of religious fervour

Mae wedi boddi brwdfrydedd sifalri a sentimentaliaeth philistine

it has drowned chivalrous enthusiasm and philistine sentimentalism

mae wedi boddi'r pethau hyn yn y dŵr rhewllyd o gyfrifo egotistaidd

it has drowned these things in the icy water of egotistical calculation

Mae wedi datrys gwerth personol i werth cyfnewidadwy

It has resolved personal worth into exchangeable value

Mae wedi disodli'r rhyddid siartredig di-rif ac annichonadwy

it has replaced the numberless and indefeasible chartered freedoms

ac mae wedi sefydlu un rhyddid, ddiamheuol; Masnach Rydd

and it has set up a single, unconscionable freedom; Free Trade

Mewn un gair, mae wedi gwneud hyn ar gyfer ecsbloetio

In one word, it has done this for exploitation

camfanteisio a orchuddir gan rithdybiau crefyddol a gwleidyddol

exploitation veiled by religious and political illusions

camfanteisio wedi'i orchuddio gan ecsbloetio noeth, digywilydd, uniongyrchol, creulon

exploitation veiled by naked, shameless, direct, brutal exploitation

mae'r Bourgeoisie wedi tynnu'r halo oddi ar bob galwedigaeth a anrhydeddwyd ac a barchwyd o'r blaen

the Bourgeoisie has stripped the halo off every previously honoured and revered occupation

y meddyg, y cyfreithiwr, yr offeiriad, y bardd, a'r dyn gwyddoniaeth

the physician, the lawyer, the priest, the poet, and the man of science

Mae wedi trosi'r gweithwyr nodedig hyn yn weithwyr cyflog cyflog

it has converted these distinguished workers into its paid wage labourers

Mae'r Bourgeoisie wedi rhwygo'r gorchudd sentimental i ffwrdd oddi wrth y teulu

The Bourgeoisie has torn the sentimental veil away from the family

ac mae wedi lleihau perthynas y teulu â pherthynas arian yn unig

and it has reduced the family relation to a mere money relation

yr arddangosfa greulon o fywiogrwydd yn yr Oesoedd Canol y mae Adweithyddion yn ei edmygu'n fawr

the brutal display of vigour in the Middle Ages which Reactionists so much admire

hyd yn oed hyn yn dod o hyd ei gyflenwad ffitio yn y mwyaf o garedigrwydd slothful

even this found its fitting complement in the most slothful indolence

Mae'r Bourgeoisie wedi datgelu sut y daeth hyn i gyd i basio

The Bourgeoisie has disclosed how all this came to pass

Y Bourgeoisie fu'r cyntaf i ddangos beth all gweithgaredd dyn ei greu.

The Bourgeoisie have been the first to show what man's activity can bring about

Mae wedi cyflawni rhyfeddodau sy'n rhagori ar byramidiau'r Aifft, traphontydd dŵr Rhufeinig ac eglwysi cadeiriol Gothig.

It has accomplished wonders far surpassing Egyptian pyramids, Roman aqueducts, and Gothic cathedrals

ac mae wedi cynnal teithiau sy'n rhoi yn y cysgod holl

Exoduses blaenorol o genhedloedd a chroesadau
and it has conducted expeditions that put in the shade all
former Exoduses of nations and crusades
Ni all y Bourgeoisie fodoli heb chwyldroi offerynnau
cynhyrchu yn gyson
The Bourgeoisie cannot exist without constantly
revolutionising the instruments of production
a thrwy hynny ni all fodoli heb ei berthynas â chynhyrchu
and thereby it cannot exist without its relations to production
ac felly ni all fodoli heb ei berthynas â chymdeithas
and therefore it cannot exist without its relations to society
Roedd gan bob dosbarth diwydiannol cynharach un cyflwr
yn gyffredin
all earlier industrial classes had one condition in common
roeddent yn dibynnu ar gadwraeth yr hen ddulliau
cynhyrchu
they relied on the conservation of the old modes of production
ond daeth y Bourgeoisie ag ef ddeinameg hollol newydd
but the Bourgeoisie brought with it a completely new dynamic
Chwyldroi cynhyrchu cyson ac aflonyddwch di-dor o'r holl
amodau cymdeithasol
Constant revolutionizing of production and uninterrupted
disturbance of all social conditions
mae'r ansicrwydd a'r cynnwrf tragwyddol hwn yn
gwahaniaethu'r Epoc Bourgeoisie oddi wrth bob un
cynharach
this everlasting uncertainty and agitation distinguishes the
Bourgeoisie epoch from all earlier ones
Daeth cysylltiadau blaenorol â chynhyrchu gyda rhagfarnau
a barn hynafol ac hybarch
previous relations with production came with ancient and
venerable prejudices and opinions
Ond mae'r holl gysylltiadau sefydlog hyn wedi'u rhewi'n
gyflym yn cael eu hysgubo i ffwrdd
but all of these fixed, fast-frozen relations are swept away
Mae pob perthynas newydd yn dod yn hen ffasiwn cyn y

gallant ossify
all new-formed relations become antiquated before they can ossify

Y mae pob peth solet yn toddi i'r awyr, a phob peth cysegredig yn cael ei halogi
All that is solid melts into air, and all that is holy is profaned

Mae dyn o'r diwedd yn cael ei orfodi i wynebu gyda synhwyrau sobr, ei amodau bywyd go iawn
man is at last compelled to face with sober senses, his real conditions of life

ac mae'n cael ei orfodi i wynebu ei berthynas gyda'i fath
and he is compelled to face his relations with his kind

Mae angen i'r Bourgeoisie ehangu ei farchnadoedd ar gyfer ei gynhyrchion yn gyson
The Bourgeoisie constantly needs to expand its markets for its products

ac, oherwydd hyn, mae'r Bourgeoisie yn cael ei erlid dros wyneb cyfan y byd
and, because of this, the Bourgeoisie is chased over the whole surface of the globe

Rhaid i'r Bourgeoisie swatio ym mhobman, setlo ym mhobman, sefydlu cysylltiadau ym mhobman
The Bourgeoisie must nestle everywhere, settle everywhere, establish connections everywhere

Rhaid i'r Bourgeoisie greu marchnadoedd ym mhob cornel o'r byd i fanteisio arnynt
The Bourgeoisie must create markets in every corner of the world to exploit

Mae'r cynhyrchu a'r defnydd ym mhob gwlad wedi cael cymeriad cosmopolitan
the production and consumption in every country has been given a cosmopolitan character

mae chagrin Adweithyddion yn amlwg, ond mae wedi parhau heb ystyried
the chagrin of Reactionists is palpable, but it has carried on regardless

Mae'r Bourgeoisie wedi tynnu o dan draed diwydiant y tir cenedlaethol yr oedd yn sefyll arno

The Bourgeoisie have drawn from under the feet of industry the national ground on which it stood

Mae pob hen ddiwydiannau cenedlaethol sefydledig wedi'u dinistrio, neu'n cael eu dinistrio bob dydd

all old-established national industries have been destroyed, or are daily being destroyed

Mae pob hen ddiwydiannau cenedlaethol yn cael eu dadleoli gan ddiwydiannau newydd

all old-established national industries are dislodged by new industries

Mae eu cyflwyniad yn dod yn gwestiwn bywyd a marwolaeth i bob cenedl wâr

their introduction becomes a life and death question for all civilised nations

maent yn cael eu dadleoli gan ddiwydiannau nad ydynt bellach yn gweithio i fyny deunydd crai cynhenid

they are dislodged by industries that no longer work up indigenous raw material

Yn lle hynny, mae'r diwydiannau hyn yn tynnu deunyddiau crai o'r parthau mwyaf anghysbell

instead, these industries pull raw materials from the remotest zones

diwydiannau y mae eu cynnyrch yn cael eu bwyta, nid yn unig gartref, ond ym mhob chwarter y byd

industries whose products are consumed, not only at home, but in every quarter of the globe

Yn lle'r hen ddymuniadau, yn fodlon gan gynyrchiadau'r wlad, rydym yn dod o hyd i ddymuniadau newydd

In place of the old wants, satisfied by the productions of the country, we find new wants

Mae'r dymuniadau newydd hyn yn gofyn am gynhyrchion tiroedd a chlimes pell er mwyn eu boddhau.

these new wants require for their satisfaction the products of distant lands and climes

Yn lle'r hen neilltuaeth leol a chenedlaethol a hunangynhaliaeth, mae gennym fasnach
In place of the old local and national seclusion and self-sufficiency, we have trade

cyfnewid rhyngwladol i bob cyfeiriad; Cyd-ddibyniaeth gyffredinol cenhedloedd
international exchange in every direction; universal interdependence of nations

ac yn union fel y mae gennym ddibyniaeth ar ddeunyddiau, felly rydym yn dibynnu ar gynhyrchu deallusol
and just as we have dependency on materials, so we are dependent on intellectual production

Mae creadigaethau deallusol gwledydd unigol yn dod yn eiddo cyffredin
The intellectual creations of individual nations become common property

Mae unochrog cenedlaethol a meddwl cul yn dod yn fwy a mwy amhosibl
National one-sidedness and narrow-mindedness become more and more impossible

ac o'r llenyddiaethau cenedlaethol a lleol niferus, ceir llenyddiaeth fyd-eang
and from the numerous national and local literatures, there arises a world literature

Gwella pob offeryn cynhyrchu yn gyflym
by the rapid improvement of all instruments of production

drwy'r dulliau cyfathrebu a hwylusir yn fawr
by the immensely facilitated means of communication

Mae'r Bourgeoisie yn tynnu pob un (hyd yn oed y cenhedloedd mwyaf barbaraidd) i wareiddiad
The Bourgeoisie draws all (even the most barbarian nations) into civilisation

Prisiau rhad ei nwyddau; y magnelau trwm sy'n chwalu waliau Tsieineaidd i gyd
The cheap prices of its commodities; the heavy artillery that batters down all Chinese walls

Mae casineb llethol y barbariaid o dramorwyr yn cael ei orfodi i swyno
the barbarians' intensely obstinate hatred of foreigners is forced to capitulate
Mae'n gorfodi'r holl genhedloedd, ar boen difodiant, i fabwysiadu dull cynhyrchu Bourgeoisie
It compels all nations, on pain of extinction, to adopt the Bourgeoisie mode of production
mae'n eu gorfodi i gyflwyno'r hyn y mae'n ei alw'n wareiddiad i'w canol
it compels them to introduce what it calls civilisation into their midst
Mae'r Bourgeoisie yn gorfodi'r barbariaid i ddod yn Bourgeoisie eu hunain
The Bourgeoisie force the barbarians to become Bourgeoisie themselves
mewn gair, mae'r Bourgeoisie yn creu byd ar ôl ei ddelwedd ei hun
in a word, the Bourgeoisie creates a world after its own image
Mae'r Bourgeoisie wedi dioddef cefn gwlad i reolaeth y trefi
The Bourgeoisie has subjected the countryside to the rule of the towns
Mae wedi creu dinasoedd enfawr ac wedi cynyddu'r boblogaeth drefol yn fawr
It has created enormous cities and greatly increased the urban population
achubodd ran sylweddol o'r boblogaeth o idiogiaeth bywyd cefn gwlad
it rescued a considerable part of the population from the idiocy of rural life
ond mae wedi gwneud y rhai yng nghefn gwlad yn ddibynnol ar y trefi
but it has made those in the the countryside dependent on the towns
ac yn yr un modd, mae wedi gwneud y gwledydd barbaraidd yn ddibynnol ar y rhai gwaraidd

and likewise, it has made the barbarian countries dependent on the civilised ones

cenhedloedd heddychol ar genhedloedd Bourgeoisie, y Dwyrain ar y Gorllewin

nations of peasants on nations of Bourgeoisie, the East on the West

Mae'r Bourgeoisie yn diflannu gyda chyflwr gwasgaredig y boblogaeth fwy a mwy

The Bourgeoisie does away with the scattered state of the population more and more

Mae wedi crynhoad cynhyrchu, ac mae wedi canolbwyntio eiddo mewn ychydig o ddwylo

It has agglomerated production, and has concentrated property in a few hands

Canlyniad angenrheidiol hyn oedd canoli gwleidyddol

The necessary consequence of this was political centralisation

Bu cenhedloedd annibynnol a thaleithiau â chysylltiad llac

there had been independent nations and loosely connected provinces

Roedd ganddynt ddiddordebau, deddfau, llywodraethau a systemau trethiant ar wahân

they had separate interests, laws, governments and systems of taxation

ond y maent wedi ymgasglu ynghyd yn un genedl, gydag un llywodraeth

but they have become lumped together into one nation, with one government

Bellach mae ganddynt un diddordeb dosbarth cenedlaethol, un ffin ac un tollau-tariff

they now have one national class-interest, one frontier and one customs-tariff

ac mae'r buddiant dosbarth cenedlaethol hwn yn unedig o dan un cod cyfreithiol

and this national class-interest is unified under one code of law

mae'r Bourgeoisie wedi cyflawni llawer yn ystod ei rheol o

brin gan mlynedd

the Bourgeoisie has achieved much during its rule of scarce one hundred years

grymoedd cynhyrchiol mwy enfawr a enfawr na chael yr holl genedlaethau blaenorol gyda'i gilydd

more massive and colossal productive forces than have all preceding generations together

Mae grymoedd natur yn cael eu darostwng i ewyllys dyn a'i beiriannau

Nature's forces are subjugated to the will of man and his machinery

Mae cemeg yn cael ei gymhwyso i bob math o ddiwydiant a mathau o amaethyddiaeth

chemistry is applied to all forms of industry and types of agriculture

stêm-navigation, rheilffyrdd, telegraffau trydan, a'r wasg argraffu

steam-navigation, railways, electric telegraphs, and the printing press

clirio cyfandiroedd cyfan ar gyfer amaethu, camlesu afonydd

clearing of whole continents for cultivation, canalisation of rivers

Mae poblogaethau cyfan wedi'u concro allan o'r ddaear a'u rhoi ar waith

whole populations have been conjured out of the ground and put to work

Beth oedd gan ganrif gynharach hyd yn oed ragdybiaeth o'r hyn y gellid ei ryddhau?

what earlier century had even a presentiment of what could be unleashed?

Pwy a ragwelodd fod grymoedd cynhyrchiol o'r fath yn cwympo yn lap llafur cymdeithasol?

who predicted that such productive forces slumbered in the lap of social labour?

gwelwn bryd hynny fod y modd o gynhyrchu a chyfnewid yn cael eu cynhyrchu yn y gymdeithas ffiwdal

we see then that the means of production and of exchange
were generated in feudal society

**y modd o gynhyrchu ar y sylfaen y Bourgeoisie adeiladu ei
hun i fyny**

the means of production on whose foundation the Bourgeoisie
built itself up

**Ar gam penodol yn natblygiad y dulliau hyn o gynhyrchu a
chyfnewid**

At a certain stage in the development of these means of
production and of exchange

**yr amodau y mae cymdeithas ffiwdal yn cynhyrchu ac yn
cyfnewid oddi tanynt**

the conditions under which feudal society produced and
exchanged

Sefydliad ffiwdal y diwydiant amaeth a gweithgynhyrchu

the feudal organisation of agriculture and manufacturing
industry

**Nid oedd cysylltiadau ffiwdal eiddo bellach yn gydnaws â'r
amodau materol**

the feudal relations of property were no longer compatible
with the material conditions

Bu'n rhaid eu byrstio dan , felly cawsant eu byrstio dan

They had to be burst asunder, so they were burst asunder

**I mewn i'w lle wedi camu am ddim cystadleuaeth gan y
grymoedd cynhyrchiol**

Into their place stepped free competition from the productive
forces

**ac roedd cyfansoddiad cymdeithasol a gwleidyddol wedi eu
haddasu iddo**

and they were accompanied by a social and political
constitution adapted to it

**ac roedd yn cyd-fynd â hi gan ddylanwad economaidd a
gwleidyddol dosbarth Bourgeoisie**

and it was accompanied by the economical and political sway
of the Bourgeoisie class

Mae symudiad tebyg yn digwydd o flaen ein llygaid ein

hunain

A similar movement is going on before our own eyes

Cymdeithas Bourgeoisie Modern gyda'i chysylltiadau o gynhyrchu, a chyfnewid, ac eiddo

Modern Bourgeoisie society with its relations of production, and of exchange, and of property

cymdeithas sydd wedi concro dulliau mor enfawr o gynhyrchu a chyfnewid

a society that has conjured up such gigantic means of production and of exchange

Mae'n debyg i'r swynwr a alwodd i fyny pwerau'r byd Nether

it is like the sorcerer who called up the powers of the nether world

ond nid yw'n gallu rheoli'r hyn y mae wedi'i ddwyn i'r byd

but he is no longer able to control what he has brought into the world

Am ddegawd lawer roedd hanes y gorffennol ynghlwm wrth edau gyffredin

For many a decade past history was tied together by a common thread

Mae hanes diwydiant a masnach wedi bod ond hanes gwrthryfeloedd

the history of industry and commerce has been but the history of revolts

gwrthryfeloedd grymoedd cynhyrchiol modern yn erbyn amodau cynhyrchu modern

the revolts of modern productive forces against modern conditions of production

Gwrthryfeloedd grymoedd cynhyrchiol modern yn erbyn cysylltiadau eiddo

the revolts of modern productive forces against property relations

y cysylltiadau eiddo hyn yw'r amodau ar gyfer bodolaeth y Bourgeoisie

these property relations are the conditions for the existence of the Bourgeoisie

ac mae bodolaeth y Bourgeoisie yn pennu'r rheolau ar gyfer cysylltiadau eiddo

and the existence of the Bourgeoisie determines the rules for property relations

Mae'n ddigon i sôn am ddychwelyd cyfnodol argyfyngau masnachol

it is enough to mention the periodical return of commercial crises

mae pob argyfwng masnachol yn fwy bygythiol i gymdeithas Bourgeoisie na'r olaf

each commercial crisis is more threatening to Bourgeoisie society than the last

Yn yr argyfyngau hyn mae rhan fawr o'r cynhyrchion presennol yn cael eu dinistrio

In these crises a great part of the existing products are destroyed

Ond mae'r argyfyngau hyn hefyd yn dinistrio'r grymoedd cynhyrchiol a grëwyd yn flaenorol

but these crises also destroy the previously created productive forces

Ym mhob cyfnod cynharach byddai'r epidemigau hyn wedi ymddangos yn hurt

in all earlier epochs these epidemics would have seemed an absurdity

oherwydd yr epidemigau hyn yw argyfyngau masnachol gor-gynhyrchu

because these epidemics are the commercial crises of over-production

Cymdeithas yn sydyn yn cael ei rhoi yn ôl i gyflwr o farbariaeth momentary

Society suddenly finds itself put back into a state of momentary barbarism

fel pe bai rhyfel dinistr cyffredinol wedi torri pob dull o gynhaliaeth

as if a universal war of devastation had cut off every means of subsistence

Mae'n ymddangos bod diwydiant a masnach wedi'u dinistrio; A pham?

industry and commerce seem to have been destroyed; and why?

Oherwydd bod gormod o wareiddiad a modd o gynhaliaeth

Because there is too much civilisation and means of subsistence

ac oherwydd bod gormod o ddiwydiant, a gormod o fasnach

and because there is too much industry, and too much commerce

Nid yw'r grymoedd cynhyrchiol sydd ar gael i gymdeithas bellach yn datblygu eiddo Bourgeoisie

The productive forces at the disposal of society no longer develop Bourgeoisie property

I'r gwrthwyneb, maent wedi dod yn rhy bwerus ar gyfer yr amodau hyn, lle maent yn cael eu llyffethair

on the contrary, they have become too powerful for these conditions, by which they are fettered

cyn gynted ag y byddant yn goresgyn y llyffetheiriau hyn, maent yn dod ag anhrefn i gymdeithas Bourgeoisie gyfan

as soon as they overcome these fetters, they bring disorder into the whole of Bourgeoisie society

ac mae'r grymoedd cynhyrchiol yn peryglu bodolaeth eiddo Bourgeoisie

and the productive forces endanger the existence of Bourgeoisie property

Mae amodau cymdeithas Bourgeoisie yn rhy gul i gynnwys y cyfoeth a grëwyd ganddynt

The conditions of Bourgeoisie society are too narrow to comprise the wealth created by them

A sut mae'r Bourgeoisie yn dod dros yr argyfyngau hyn?

And how does the Bourgeoisie get over these crises?

Ar y naill law, mae'n goresgyn yr argyfyngau hyn gan ddinistriad gorfodol màs o rymoedd cynhyrchiol

On the one hand, it overcomes these crises by the enforced

destruction of a mass of productive forces

Ar y llaw arall, mae'n goresgyn yr argyfyngau hyn trwy goncwest marchnadoedd newydd

on the other hand, it overcomes these crises by the conquest of new markets

ac y mae'n goresgyn yr argyfyngau hyn gan ymelwa mwy trylwyr ar hen rymoedd cynhyrchu

and it overcomes these crises by the more thorough exploitation of the old forces of production

Hynny yw, trwy baratoi'r ffordd ar gyfer argyfyngau mwy helaeth a mwy dinistriol

That is to say, by paving the way for more extensive and more destructive crises

mae'n goresgyn yr argyfwng trwy leihau'r modd y mae argyfyngau yn cael eu hatal

it overcomes the crisis by diminishing the means whereby crises are prevented

Mae'r arfau y cwympodd y Bourgeoisie ffiwdaliaeth â nhw i'r ddaear bellach yn cael eu troi yn ei erbyn ei hun

The weapons with which the Bourgeoisie felled feudalism to the ground are now turned against itself

Ond nid yn unig y mae'r Bourgeoisie wedi ffugio'r arfau sy'n dod â marwolaeth iddo'i hun

But not only has the Bourgeoisie forged the weapons that bring death to itself

Mae hefyd wedi galw i fodolaeth y dynion sydd i wield arfau hynny

it has also called into existence the men who are to wield those weapons

a'r dynion hyn yw'r dosbarth gweithiol modern; Nhw yw'r proletarianiaid

and these men are the modern working class; they are the proletarians

Yn gymesur â'r Bourgeoisie yn cael ei ddatblygu, yn yr un gyfran mae'r Proletariat a ddatblygwyd

In proportion as the Bourgeoisie is developed, in the same

proportion is the Proletariat developed

Datblygodd y dosbarth gweithiol modern ddosbarth o labrwyr

the modern working class developed a class of labourers

Mae'r dosbarth hwn o weithwyr yn byw dim ond cyhyd â'u bod yn dod o hyd i waith

this class of labourers live only so long as they find work

ac maent yn dod o hyd i waith dim ond cyhyd â bod eu llafur yn cynyddu cyfalaf

and they find work only so long as their labour increases capital

Mae'r llafurwyr hyn, sy'n gorfod gwerthu eu hunain yn dameidiog, yn nwydd

These labourers, who must sell themselves piece-meal, are a commodity

Mae'r gweithwyr hyn fel pob erthygl arall o fasnach

these labourers are like every other article of commerce

Ac o ganlyniad maent yn agored i holl cyffiniau cystadleuaeth

and they are consequently exposed to all the vicissitudes of competition

Mae'n rhaid iddynt dygymod holl amrywiadau y farchnad

they have to weather all the fluctuations of the market

Oherwydd y defnydd helaeth o beiriannau ac i rannu llafur

Owing to the extensive use of machinery and to division of labour

mae gwaith y proletarianiaid wedi colli pob cymeriad unigol

the work of the proletarians has lost all individual character

ac o ganlyniad, mae gwaith y proletarianiaid wedi colli pob swyn i'r gweithiwr

and consequently, the work of the proletarians has lost all charm for the workman

Mae'n dod yn atodiad o'r peiriant, yn hytrach na'r dyn yr oedd unwaith

He becomes an appendage of the machine, rather than the man he once was

Dim ond y knack mwyaf syml, undonog, a mwyaf hawdd ei gaffael sydd ei angen ganddo.
only the most simple, monotonous, and most easily acquired knack is required of him

Felly, mae cost cynhyrchu gweithiwr yn gyfyngedig
Hence, the cost of production of a workman is restricted

mae'n cael ei gyfyngu bron yn gyfan gwbl i'r modd o gynhaliaeth sydd ei angen arno ar gyfer ei gynnal a chadw
it is restricted almost entirely to the means of subsistence that he requires for his maintenance

ac mae'n cael ei gyfyngu i'r modd o gynhaliaeth sydd ei angen arno ar gyfer lluosogi ei hil
and it is restricted to the means of subsistence that he requires for the propagation of his race

Ond mae pris nwydd, ac felly hefyd llafur, yn hafal i'w gost o gynhyrchu
But the price of a commodity, and therefore also of labour, is equal to its cost of production

Mewn cyfrann, felly, wrth i wrthgyhuddiad y gwaith gynyddu, mae'r cyflog yn lleihau
In proportion, therefore, as the repulsiveness of the work increases, the wage decreases

Nay, mae gwrth-ddweud ei waith yn cynyddu ar gyfradd hyd yn oed yn uwch
Nay, the repulsiveness of his work increases at an even greater rate

Wrth i'r defnydd o beiriannau a rhannu llafur gynyddu, felly hefyd baich llafur
as the use of machinery and division of labour increases, so does the burden of toil

Mae baich y llafur yn cynyddu trwy ymestyn yr oriau gwaith
the burden of toil is increased by prolongation of the working hours

Disgwylir mwy gan y gweithiwr yn yr un amser ag o'r blaen
more is expected of the labourer in the same time as before

ac wrth gwrs mae baich y toil yn cynyddu gan gyflymder y

peiriannau

and of course the burden of the toil is increased by the speed of the machinery

Mae diwydiant modern wedi trosi gweithdy bach y meistr patriarchaidd yn ffatri fawr y cyfalafwr diwydiannol

Modern industry has converted the little workshop of the patriarchal master into the great factory of the industrial capitalist

Trefnir offerennau o lafurwyr, yn orlawn i'r ffatri, fel milwyr

Masses of labourers, crowded into the factory, are organised like soldiers

Fel preifatiaid y fyddin ddiwydiannol fe'u gosodir o dan orchymyn hierarchaeth berffaith o swyddogion a rhingylliaid

As privates of the industrial army they are placed under the command of a perfect hierarchy of officers and sergeants

nid caethweision dosbarth Bourgeoisie a Wladwriaeth yn unig ydyn nhw

they are not only the slaves of the Bourgeoisie class and State

ond maent hefyd yn cael eu caethiwo bob dydd ac fesul awr gan y peiriant

but they are also daily and hourly enslaved by the machine

maent yn gaethweision gan y gor-edrychwr, ac, yn anad dim, gan y gwneuthurwr Bourgeoisie unigol ei hun

they are enslaved by the over-looker, and, above all, by the individual Bourgeoisie manufacturer himself

Po fwyaf agored y mae'r despotism hwn yn honni ennill i fod yn ddiwedd ac yn nod, po fwyaf bachog, y mwyaf atgas a'r mwyaf chwerw y mae'n

The more openly this despotism proclaims gain to be its end and aim, the more petty, the more hateful and the more embittering it is

Mae'r diwydiant mwy modern yn cael ei ddatblygu, y lleiaf yw'r gwahaniaethau rhwng y rhywiau

the more modern industry becomes developed, the lesser are

the differences between the sexes

Po leiaf y sgil a'r ymdrech o gryfder ymhlyg mewn llafur llaw, y mwyaf yw llafur dynion disodli gan lafur menywod

The less the skill and exertion of strength implied in manual labour, the more is the labour of men superseded by that of women

Nid oes gan wahaniaethau o ran oedran a rhyw unrhyw ddilysrwydd cymdeithasol unigryw i'r dosbarth gweithiol mwyach.

Differences of age and sex no longer have any distinctive social validity for the working class

Mae pob un yn offerynnau llafur, yn fwy neu'n llai costus i'w defnyddio, yn ôl eu hoedran a'u rhyw.

All are instruments of labour, more or less expensive to use, according to their age and sex

cyn gynted ag y bydd y llafurwr yn derbyn ei gyflog mewn arian parod, nag y mae rhannau eraill o'r Bourgeoisie wedi'i osod arno

as soon as the labourer receives his wages in cash, than he is set upon by the other portions of the Bourgeoisie

y landlord, y siopwr, y gwystlwr ac ati

the landlord, the shopkeeper, the pawnbroker, etc

Haen isaf y dosbarth canol; y crefftwyr bach pobl a pherchnogion siopau

The lower strata of the middle class; the small trades people and shopkeepers

y crefftwyr wedi ymddeol yn gyffredinol, a'r crefftwyr a'r heddychwyr

the retired tradesmen generally, and the handicraftsmen and peasants

mae'r rhain i gyd yn suddo'n raddol i'r Proletariat

all these sink gradually into the Proletariat

yn rhannol oherwydd nad yw eu cyfalaf dibwys yn ddigonol ar gyfer y raddfa y mae Diwydiant Modern yn cael ei gynnal arni

partly because their diminutive capital does not suffice for the scale on which Modern Industry is carried on

ac oherwydd ei fod yn cael ei gorseithio yn y gystadleuaeth gyda'r cyfalafwyr mawr

and because it is swamped in the competition with the large capitalists

rhannol oherwydd bod eu sgiliau arbenigol yn cael ei rendro ddiwerth gan y dulliau cynhyrchu newydd

partly because their specialized skill is rendered worthless by the new methods of production

Felly, mae'r Proletariat yn cael ei recriwtio o bob dosbarth o'r boblogaeth

Thus the Proletariat is recruited from all classes of the population

Mae'r Proletariat yn mynd trwy wahanol gamau datblygu

The Proletariat goes through various stages of development

Gyda'i enedigaeth yn dechrau ei frwydr gyda'r Bourgeoisie

With its birth begins its struggle with the Bourgeoisie

Ar y dechrau, mae'r gystadleuaeth yn cael ei chynnal gan weithwyr unigol

At first the contest is carried on by individual labourers

yna mae'r gystadleuaeth yn cael ei chynnal gan weithwyr ffatri

then the contest is carried on by the workpeople of a factory

yna mae'r gystadleuaeth yn cael ei chynnal gan weithredwyr un grefft, mewn un ardal

then the contest is carried on by the operatives of one trade, in one locality

ac mae'r ornest wedyn yn erbyn yr unigolyn Bourgeoisie sy'n eu hecsbloetio'n uniongyrchol

and the contest is then against the individual Bourgeoisie who directly exploits them

Maent yn cyfarwyddo eu hymosodiadau nid yn erbyn amodau cynhyrchu Bourgeoisie

They direct their attacks not against the Bourgeoisie conditions of production

ond maent yn cyfeirio eu hymosodiad yn erbyn offerynnau

cynhyrchu eu hunain

but they direct their attack against the instruments of production themselves

maen nhw'n dinistrio nwyddau wedi'u mewnforio sy'n cystadlu â'u llafur

they destroy imported wares that compete with their labour

maent yn torri i ddarnau peiriannau ac maent yn gosod ffatrïoedd ar dân

they smash to pieces machinery and they set factories ablaze

maen nhw'n ceisio adfer statws diflanedig gweithwyr yr Oesoedd Canol trwy rym

they seek to restore by force the vanished status of the workman of the Middle Ages

Ar hyn o bryd mae'r llafurwyr yn dal i ffurfio màs anghyson wedi'i wasgaru dros y wlad gyfan.

At this stage the labourers still form an incoherent mass scattered over the whole country

ac maent yn cael eu torri i fyny gan eu cyd-gystadleuaeth

and they are broken up by their mutual competition

Os unrhyw le y maent yn uno i ffurfio cyrff mwy cryno, nid yw hyn yn ganlyniad i'w hundeb gweithredol eu hunain eto.

If anywhere they unite to form more compact bodies, this is not yet the consequence of their own active union

ond mae'n ganlyniad i undeb y Bourgeoisie, i gyrraedd ei therfynau gwleidyddol ei hun

but it is a consequence of the union of the Bourgeoisie, to attain its own political ends

mae'r Bourgeoisie yn cael ei orfodi i osod y Proletariat cyfan yn symud

the Bourgeoisie is compelled to set the whole Proletariat in motion

ac ar ben hynny, am gyfnod mae'r Bourgeoisie yn gallu gwneud hynny

and moreover, for a time being, the Bourgeoisie is able to do so

Ar hyn o bryd, felly, nid yw'r puteiniaid yn ymladd eu

gelynion

At this stage, therefore, the proletarians do not fight their enemies

Ond yn hytrach maent yn ymladd y gelynion eu gelynion

but instead they are fighting the enemies of their enemies

y frwydr yn weddillion brenhiniaeth absoliwt a'r tirfeddianwyr

the fight the remnants of absolute monarchy and the landowners

maent yn ymladd y Bourgeoisie andiwydiannol; Bourgeoisie

they fight the non-industrial Bourgeoisie; the petty Bourgeoisie

Felly mae'r mudiad hanesyddol cyfan wedi'i ganoli yn nwylo'r Bourgeoisie

Thus the whole historical movement is concentrated in the hands of the Bourgeoisie

mae pob buddugoliaeth a gafwyd felly yn fuddugoliaeth i'r Bourgeoisie

every victory so obtained is a victory for the Bourgeoisie

Ond gyda datblygiad diwydiant mae'r Proletariat nid yn unig yn cynyddu nifer

But with the development of industry the Proletariat not only increases in number

mae'r Proletariat yn cael ei ganoli mewn masau mwy ac mae ei chryfder yn tyfu

the Proletariat becomes concentrated in greater masses and its strength grows

ac mae'r Proletariat yn teimlo'r cryfder hwnnw fwy a mwy

and the Proletariat feels that strength more and more

Mae diddordebau ac amodau bywyd amrywiol o fewn rhengoedd y Proletariat yn fwy a mwy cyfartal

The various interests and conditions of life within the ranks of the Proletariat are more and more equalised

Maent yn dod yn fwy mewn cyfrannedd wrth i beiriannau ddileu pob gwahaniaeth o lafur

they become more in proportion as machinery obliterates all

distinctions of labour

a pheiriannau bron ym mhobman yn lleihau cyflogau i'r un lefel isel

and machinery nearly everywhere reduces wages to the same low level

Mae'r gystadleuaeth gynyddol ymhlith y Bourgeoisie, a'r argyfyngau masnachol sy'n deillio o hynny, yn gwneud cyflogau'r gweithwyr byth yn fwy amrywiol

The growing competition among the Bourgeoisie, and the resulting commercial crises, make the wages of the workers ever more fluctuating

Mae gwella peiriannau yn ddi-os, sy'n datblygu'n gyflymach, yn gwneud eu bywoliaeth yn fwy a mwy ansicr

The unceasing improvement of machinery, ever more rapidly developing, makes their livelihood more and more precarious

mae'r gwrthdrawiadau rhwng gweithwyr unigol a Bourgeoisie unigol yn cymryd mwy a mwy gymeriad gwrthdrawiadau rhwng dau ddosbarth

the collisions between individual workmen and individual Bourgeoisie take more and more the character of collisions between two classes

Ar hynny mae'r gweithwyr yn dechrau ffurfio cyfuniadau (Undebau Llafur) yn erbyn y Bourgeoisie

Thereupon the workers begin to form combinations (Trades Unions) against the Bourgeoisie

Maent yn cyd-weithio er mwyn cadw i fyny gyfradd y cyflogau

they club together in order to keep up the rate of wages

daethant o hyd i gymdeithasau parhaol er mwyn gwneud darpariaeth ymlaen llaw ar gyfer y gwrthryfeloedd achlysurol hyn

they found permanent associations in order to make provision beforehand for these occasional revolts

Yma ac acw mae'r gystadleuaeth yn torri allan yn derfysgoedd

Here and there the contest breaks out into riots

Nawr ac yna mae'r gweithwyr yn fuddugol, ond dim ond am gyfnod

Now and then the workers are victorious, but only for a time

Mae ffrwyth go iawn eu brwydrau yn gorwedd, nid yn y canlyniad uniongyrchol, ond yn yr undeb sy'n ehangu drwy'r amser y gweithwyr

The real fruit of their battles lies, not in the immediate result, but in the ever-expanding union of the workers

Mae'r undeb hwn yn cael ei helpu gan y dulliau cyfathrebu gwell sy'n cael eu creu gan ddiwydiant modern

This union is helped on by the improved means of communication that are created by modern industry

Mae cyfathrebu modern yn gosod gweithwyr gwahanol ardaloedd mewn cysylltiad â'i gilydd

modern communication places the workers of different localities in contact with one another

Dim ond y cyswllt hwn oedd ei angen i ganoli'r brwydrau lleol niferus yn un frwydr genedlaethol rhwng dosbarthiadau

It was just this contact that was needed to centralise the numerous local struggles into one national struggle between classes

Mae'r holl frwydrau hyn o'r un cymeriad, ac mae pob brwydr dosbarth yn frwydr wleidyddol

all of these struggles are of the same character, and every class struggle is a political struggle

roedd burghers yr Oesoedd Canol, gyda'u priffyrdd truenus, yn gofyn am ganrifoedd i ffurfio eu hundebau

the burghers of the Middle Ages, with their miserable highways, required centuries to form their unions

Mae'r proletariaid modern, diolch i reilffyrdd, yn cyflawni eu hundebau o fewn ychydig flynyddoedd

the modern proletarians, thanks to railways, achieve their unions within a few years

O ganlyniad ffurfiodd y sefydliad hwn o'r puteiniaid yn ddosbarth iddynt yn blaid wleidyddol

This organisation of the proletarians into a class consequently formed them into a political party

mae'r dosbarth gwleidyddol yn cael ei gynhyrfu'n barhaus gan y gystadleuaeth rhwng y gweithwyr eu hunain

the political class is continually being upset again by the competition between the workers themselves

Ond mae'r dosbarth gwleidyddol yn parhau i godi eto, yn gryfach, yn gadarnach, yn gryfach, yn gryfach, yn gryfach, yn gryfach, yn gryfach.

But the political class continues to rise up again, stronger, firmer, mightier

Mae'n gorfodi cydnabyddiaeth ddeddfwriaethol o fuddiannau penodol y gweithwyr

It compels legislative recognition of particular interests of the workers

mae'n gwneud hyn trwy fanteisio ar y rhaniadau ymhlith y Bourgeoisie ei hun

it does this by taking advantage of the divisions among the Bourgeoisie itself

Felly cafodd y bil deng awr yn Lloegr ei roi mewn cyfraith

Thus the ten-hours' bill in England was put into law

mewn sawl ffordd y gwrthdrawiadau rhwng dosbarthiadau'r hen gymdeithas ymhellach yw datblygiad y Proletariat

in many ways the collisions between the classes of the old society further is the course of development of the Proletariat

Mae'r Bourgeoisie yn cael ei hun yn rhan o frwydr gyson

The Bourgeoisie finds itself involved in a constant battle

Ar y dechrau, bydd yn cael ei hun yn rhan o frwydr gyson gyda'r aristocratiaeth

At first it will find itself involved in a constant battle with the aristocracy

yn ddiweddarach bydd yn cael ei hun yn rhan o frwydr gyson gyda'r rhannau hynny o'r Bourgeoisie ei hun

later on it will find itself involved in a constant battle with those portions of the Bourgeoisie itself

a bydd eu diddordebau wedi dod yn wrthwynebol i

gynnydd diwydiant

and their interests will have become antagonistic to the progress of industry

bob amser, bydd eu diddordebau wedi dod yn wrthwynebol gyda Bourgeoisie gwledydd tramor

at all times, their interests will have become antagonistic with the Bourgeoisie of foreign countries

Yn yr holl frwydrau hyn mae'n gweld ei hun yn cael ei gorfodi i apelio at y Proletariat, ac yn gofyn am ei help

In all these battles it sees itself compelled to appeal to the Proletariat, and asks for its help

Ac felly, bydd yn teimlo gorfodaeth i'w lusgo i'r arena wleidyddol

and thus, it will feel compelled to drag it into the political arena

Mae'r Bourgeoisie ei hun, felly, yn cyflenwi offerynnau addysg wleidyddol a chyffredinol i'r Proletariat ei hun.

The Bourgeoisie itself, therefore, supplies the Proletariat with its own instruments of political and general education

mewn geiriau eraill, mae'n dodrefnu'r Proletariat ag arfau ar gyfer ymladd y Bourgeoisie

in other words, it furnishes the Proletariat with weapons for fighting the Bourgeoisie

Ymhellach, fel y gwelsom eisoes, mae rhannau cyfan o'r dosbarthiadau rheoli yn cael eu traddodi i'r Proletariat

Further, as we have already seen, entire sections of the ruling classes are precipitated into the Proletariat

mae datblygiad y diwydiant yn eu sugno i'r Proletariat

the advance of industry sucks them into the Proletariat

neu, o leiaf, maent yn cael eu bygwth yn eu hamodau bodolaeth

or, at least, they are threatened in their conditions of existence

Mae'r rhain hefyd yn cyflenwi'r Proletariat gydag elfennau newydd o oleuedigaeth a chynnydd

These also supply the Proletariat with fresh elements of enlightenment and progress

Yn olaf, ar adegau pan fo'r frwydr dosbarth yn agosáu at yr awr bendant

Finally, in times when the class struggle nears the decisive hour

y broses o ddiddymu yn digwydd o fewn y dosbarth rheoli

the process of dissolution going on within the ruling class

Mewn gwirionedd, bydd y diddymiad sy'n digwydd yn y dosbarth rheoli yn cael ei deimlo o fewn yr ystod gyfan o gymdeithas

in fact, the dissolution going on within the ruling class will be felt within the whole range of society

Bydd yn ymgymryd â chymeriad mor dreisgar, amlwg, fel bod rhan fach o'r dosbarth rheoli yn torri ei hun yn drifftio.

it will take on such a violent, glaring character, that a small section of the ruling class cuts itself adrift

a bydd y dosbarth dyfarnu hwnnw'n ymuno â'r dosbarth chwyldroadol

and that ruling class will join the revolutionary class

y dosbarth chwyldroadol yw'r dosbarth sy'n dal y dyfodol yn ei ddwylo

the revolutionary class being the class that holds the future in its hands

Yn union fel ar gyfnod cynharach, aeth rhan o'r uchelwyr drosodd i'r Bourgeoisie

Just as at an earlier period, a section of the nobility went over to the Bourgeoisie

yr un ffordd y bydd cyfran o'r Bourgeoisie yn mynd draw i'r Proletariat

the same way a portion of the Bourgeoisie will go over to the Proletariat

yn benodol, bydd cyfran o'r Bourgeoisie yn mynd drosodd i gyfran o ideolegwyr Bourgeoisie

in particular, a portion of the Bourgeoisie will go over to a portion of the Bourgeoisie ideologists

ideolegwyr bourgeoisie sydd wedi codi eu hunain i lefel y deall yn ddamcaniaethol y mudiad hanesyddol yn ei

gyfanrwydd

Bourgeoisie ideologists who have raised themselves to the level of comprehending theoretically the historical movement as a whole

O'r holl ddosbarthiadau sy'n sefyll wyneb yn wyneb â'r Bourgeoisie heddiw, mae'r Proletariat yn unig yn ddosbarth chwyldroadol iawn

Of all the classes that stand face to face with the Bourgeoisie today, the Proletariat alone is a really revolutionary class

Mae'r dosbarthiadau eraill yn pydru ac yn diflannu o'r diwedd yn wyneb y Diwydiant Modern

The other classes decay and finally disappear in the face of Modern Industry

Proletariat yw ei gynnyrch arbennig a hanfodol

the Proletariat is its special and essential product

Y dosbarth canol isaf, y gwneuthurwr bach, y siopwr, y crefftwr, y werin

The lower middle class, the small manufacturer, the shopkeeper, the artisan, the peasant

Mae'r rhain i gyd yn ymladd yn erbyn y Bourgeoisie

all these fight against the Bourgeoisie

Maent yn ymladd fel ffracsiynau o'r dosbarth canol i achub eu hunain rhag difodiant

they fight as fractions of the middle class to save themselves from extinction

Nid chwyldroadol mohonynt, felly, ond ceidwadol

They are therefore not revolutionary, but conservative

Nay yn fwy, maent yn adweithiol, am eu bod yn ceisio rholio olwyn hanes yn ôl

Nay more, they are reactionary, for they try to roll back the wheel of history

Os ydynt ar hap yn chwyldroadol, maent felly dim ond o ystyried eu trosglwyddo arfaethedig i'r Proletariat

If by chance they are revolutionary, they are so only in view of their impending transfer into the Proletariat

Maent felly yn amddiffyn nid eu presennol, ond eu

buddiannau yn y dyfodol

they thus defend not their present, but their future interests

maent yn diffeithio eu safiad eu hunain i osod eu hunain yn un y Proletariat

they desert their own standpoint to place themselves at that of the Proletariat

Y "dosbarth peryglus," y scum cymdeithasol, sy'n cylchdroi yn oddefol màs taflu i ffwrdd gan yr haenau isaf o hen gymdeithas

The "dangerous class," the social scum, that passively rotting mass thrown off by the lowest layers of old society

Gallant, yma ac acw, gael eu sgubo i mewn i'r mudiad gan chwyldro proletaraidd

they may, here and there, be swept into the movement by a proletarian revolution

Fodd bynnag, ei amodau bywyd, paratowch ef yn llawer mwy ar gyfer y rhan o offeryn llwgrwobrwyo o ddiddordeb adweithiol

its conditions of life, however, prepare it far more for the part of a bribed tool of reactionary intrigue

Yn amodau'r Proletariat, mae rhai'r hen gymdeithas yn gyffredinol eisoes bron yn gorlawn

In the conditions of the Proletariat, those of old society at large are already virtually swamped

Mae'r proletarian heb eiddo

The proletarian is without property

nid yw ei berthynas â'i wraig a'i blant bellach yn cael unrhyw beth yn gyffredin â chysylltiadau teuluol y Bourgeoisie.

his relation to his wife and children has no longer anything in common with the Bourgeoisie's family-relations

llafur diwydiannol modern, sy'n ddarostyngedig i gyfalaf, yr un fath yn Lloegr ag yn Ffrainc, yn America ag yn yr Almaen

modern industrial labour, modern subjection to capital, the same in England as in France, in America as in Germany

Mae ei gyflwr yn y gymdeithas wedi ei dynnu o bob olrhain

o gymeriad cenedlaethol

his condition in society has stripped him of every trace of
national character

Mae'r gyfraith, moesoldeb, crefydd, iddo gymaint o
ragfarnau Bourgeoisie

Law, morality, religion, are to him so many Bourgeoisie
prejudices

ac y tu ôl i'r rhagfarnau hyn llechu mewn ambush yn union
fel llawer o fuddiannau Bourgeoisie

and behind these prejudices lurk in ambush just as many
Bourgeoisie interests

Roedd yr holl ddosbarthiadau blaenorol a gafodd y llaw
uchaf, yn ceisio cryfhau eu statws a gaffaelwyd eisoes.

All the preceding classes that got the upper hand, sought to
fortify their already acquired status

gwnaethant hyn trwy ddarostwng cymdeithas yn
gyffredinol i'w hamodau dyrannu.

they did this by subjecting society at large to their conditions
of appropriation

Ni all y puteiniaid ddod yn feistri ar rymoedd cynhyrchiol
cymdeithas

The proletarians cannot become masters of the productive
forces of society

Dim ond trwy ddiddymu eu dull blaenorol eu hunain o
briodoli y gall wneud hyn.

it can only do this by abolishing their own previous mode of
appropriation

a thrwy hynny mae hefyd yn diddymu pob dull blaenorol
arall o briodoli

and thereby it also abolishes every other previous mode of
appropriation

Nid oes ganddynt ddim byd eu hunain i'w sicrhau a'u
cryfhau

They have nothing of their own to secure and to fortify

Eu cenhadaeth yw dinistrio'r holl warantau blaenorol ar
gyfer ac yswiriannau eiddo unigol

their mission is to destroy all previous securities for, and insurances of, individual property

Roedd yr holl symudiadau hanesyddol blaenorol yn symudiadau o leiafrifoedd

All previous historical movements were movements of minorities

neu roeddent yn symudiadau er budd lleiafrifoedd

or they were movements in the interests of minorities

Y mudiad proletaraidd yw mudiad hunanymwybodol, annibynnol y mwyafrif aruthrol.

The proletarian movement is the self-conscious, independent movement of the immense majority

ac mae'n fudiad er budd y mwyafrif aruthrol

and it is a movement in the interests of the immense majority

Y Proletariat, haen isaf ein cymdeithas bresennol

The Proletariat, the lowest stratum of our present society

Ni all droi na chodi ei hun i fyny heb holl strata superincumbent cymdeithas swyddogol yn cael ei egino i'r awyr

it cannot stir or raise itself up without the whole superincumbent strata of official society being sprung into the air

Er nad mewn sylwedd, ond eto ar ffurf, mae brwydr y Proletariat gyda'r Bourgeoisie ar y dechrau yn frwydr genedlaethol

Though not in substance, yet in form, the struggle of the Proletariat with the Bourgeoisie is at first a national struggle

Rhaid i Proletariat pob gwlad, wrth gwrs, yn gyntaf oll setlo materion gyda'i Bourgeoisie ei hun

The Proletariat of each country must, of course, first of all settle matters with its own Bourgeoisie

Wrth ddarlunio camau mwyaf cyffredinol datblygiad y Proletariat, gwnaethom olrhain y rhyfel cartref mwy neu lai o orchudd

In depicting the most general phases of the development of the Proletariat, we traced the more or less veiled civil war

Mae'r sifil hwn yn gynddeiriog o fewn y gymdeithas bresennol

this civil is raging within existing society

Bydd yn gynddeiriog hyd at y pwynt lle mae'r rhyfel hwnnw'n torri allan i chwyldro agored

it will rage up to the point where that war breaks out into open revolution

ac yna dymchweliad treisgar y Bourgeoisie gosod y sylfaen ar gyfer y ffordd y Proletariat

and then the violent overthrow of the Bourgeoisie lays the foundation for the sway of the Proletariat

Hyd yma, mae pob math o gymdeithas wedi ei seilio, fel y gwelsom eisoes, ar antagon dosbarthiadau gormesol a gormesol

Hitherto, every form of society has been based, as we have already seen, on the antagonism of oppressing and oppressed classes

Ond er mwyn gorthrymu'r dosbarth, rhaid sicrhau amodau penodol iddo.

But in order to oppress a class, certain conditions must be assured to it

Rhaid cadw'r dosbarth o dan amodau lle gall o leiaf, barhau â'i fodolaeth Slafaidd.

the class must be kept under conditions in which it can, at least, continue its slavish existence

Cododd y serf, yng nghyfnod y bregeth, ei hun i fod yn aelod yn y commune

The serf, in the period of serfdom, raised himself to membership in the commune

Yn union fel y llwyddodd y petty Bourgeoisie, dan iau absolutism dwyfol, i ddatblygu i fod yn Bourgeoisie

just as the petty Bourgeoisie, under the yoke of feudal absolutism, managed to develop into a Bourgeoisie

Mae'r labrwr modern, i'r gwrthwyneb, yn lle codi gyda chynnydd diwydiant, yn suddo'n ddyfnach ac yn ddyfnach

The modern labourer, on the contrary, instead of rising with the progress of industry, sinks deeper and deeper

mae'n suddo o dan amodau bodolaeth ei ddosbarth ei hun

he sinks below the conditions of existence of his own class

Mae'n dod yn pauper, ac mae pauperiaeth yn datblygu'n gyflymach na phoblogaeth a chyfoeth

He becomes a pauper, and pauperism develops more rapidly than population and wealth

Ac yma mae'n dod yn amlwg, bod y Bourgeoisie yn anaddas mwyach i fod y dosbarth rheoli mewn cymdeithas

And here it becomes evident, that the Bourgeoisie is unfit any longer to be the ruling class in society

ac nid yw'n addas gosod amodau bodolaeth ar gymdeithas fel cyfraith gor-farchogol

and it is unfit to impose its conditions of existence upon society as an over-riding law

Nid yw'n addas llywodraethu oherwydd ei bod yn anghymwys sicrhau bodolaeth i'w gaethwas o fewn ei gaethwasiaeth

It is unfit to rule because it is incompetent to assure an existence to its slave within his slavery

oherwydd ni all helpu gadael iddo suddo i gyflwr o'r fath, bod yn rhaid iddo fwydo iddo, yn hytrach na chael ei fwydo ganddo.

because it cannot help letting him sink into such a state, that it has to feed him, instead of being fed by him

Ni all cymdeithas fyw mwyach o dan y Bourgeoisie hwn

Society can no longer live under this Bourgeoisie

Mewn geiriau eraill, nid yw ei fodolaeth bellach yn gydnaws â chymdeithas

in other words, its existence is no longer compatible with society

Yr amod hanfodol ar gyfer bodolaeth, ac ar gyfer y ffordd y dosbarth Bourgeoisie, yw ffurfio ac ychwanegu cyfalaf

The essential condition for the existence, and for the sway of the Bourgeoisie class, is the formation and augmentation of capital

Y cyflwr ar gyfer cyfalaf yw cyflog-llafur
the condition for capital is wage-labour
Mae llafur cyflog yn sefyll ar gystadleuaeth rhwng y llafurwyr yn unig
Wage-labour rests exclusively on competition between the labourers
Mae datblygiad diwydiant, y mae ei hyrwyddwr anwirfoddol yw'r Bourgeoisie, yn disodli unigrwydd y llafurwyr
The advance of industry, whose involuntary promoter is the Bourgeoisie, replaces the isolation of the labourers
oherwydd cystadleuaeth, oherwydd eu cyfuniad chwyldroadol, oherwydd cysylltiad
due to competition, due to their revolutionary combination, due to association
Mae datblygu Diwydiant Modern yn torri o dan ei draed yr union sylfaen y mae'r Bourgeoisie yn cynhyrchu ac yn priodoli cynhyrchion
The development of Modern Industry cuts from under its feet the very foundation on which the Bourgeoisie produces and appropriates products
Yr hyn y mae'r Bourgeoisie yn ei gynhyrchu, yn anad dim, yw ei gloddwyr bedd ei hun
What the Bourgeoisie produces, above all, is its own gravediggers
Mae cwymp y Bourgeoisie a buddugoliaeth y Proletariat yr un mor anochel
The fall of the Bourgeoisie and the victory of the Proletariat are equally inevitable

Proffwydoliaethau a chomiwnyddion
Proletarians and Communists

Ym mha berthynas mae'r Comiwnyddion yn sefyll i'r puteiniaid yn gyffredinol?
In what relation do the Communists stand to the proletarians as a whole?

Nid yw'r Comiwnyddion yn ffurfio plaid ar wahân sy'n gwrthwynebu pleidiau dosbarth gweithiol eraill
The Communists do not form a separate party opposed to other working-class parties

Nid oes ganddynt unrhyw ddiddordebau ar wahân ac ar wahân i rai'r proletariat yn ei gyfanrwydd
They have no interests separate and apart from those of the proletariat as a whole

Nid ydynt yn sefydlu unrhyw egwyddorion sectyddol eu hunain, lle i lunio a llwydni'r mudiad proletaraidd
They do not set up any sectarian principles of their own, by which to shape and mould the proletarian movement

Mae'r Comiwnyddion yn cael eu gwahaniaethu oddi wrth y pleidiau dosbarth gweithiol eraill gan ddau beth yn unig.
The Communists are distinguished from the other working-class parties by only two things

Yn gyntaf, maent yn tynnu sylw at ac yn dod â buddiannau cyffredin y proletariat cyfan i'r blaen, yn annibynnol ar yr holl genedligrwydd
Firstly, they point out and bring to the front the common interests of the entire proletariat, independently of all nationality

hyn y maent yn ei wneud yn y brwydrau cenedlaethol y proletarians y gwahanol wledydd
this they do in the national struggles of the proletarians of the different countries

Yn ail, maent bob amser ac ym mhobman yn cynrychioli buddiannau'r mudiad yn ei gyfanrwydd
Secondly, they always and everywhere represent the interests

of the movement as a whole

hyn y maent yn ei wneud yn y gwahanol gamau datblygu, y mae'n rhaid i frwydr y dosbarth gweithiol yn erbyn y Bourgeoisie basio drwodd

this they do in the various stages of development, which the struggle of the working class against the Bourgeoisie has to pass through

Mae'r Comiwnyddion, felly, ar y naill law, yn ymarferol, yr adran fwyaf datblygedig a chadarn o bleidiau dosbarth gweithiol pob gwlad

The Communists, therefore, are on the one hand, practically, the most advanced and resolute section of the working-class parties of every country

nhw yw'r rhan honno o'r dosbarth gweithiol sy'n gwthio ymlaen pawb arall

they are that section of the working class which pushes forward all others

Yn ddamcaniaethol, mae ganddyn nhw hefyd y fantais o ddeall llinell mis Mawrth yn glir

theoretically, they also have the advantage of clearly understanding the line of march

hyn y maent yn deall yn well cymharu màs mawr y proletariat

this they understand better compared the great mass of the proletariat

Maent yn deall yr amodau, a chanlyniadau cyffredinol eithaf y mudiad proletarian

they understand the conditions, and the ultimate general results of the proletarian movement

Mae nod uniongyrchol y Comiwnydd yr un fath â nod yr holl bleidiau proletarian eraill

The immediate aim of the Communist is the same as that of all the other proletarian parties

Eu nod yw ffurfio'r proletariat yn ddosbarth

their aim is the formation of the proletariat into a class

eu nod yw dymchwel goruchafiaeth Bourgeoisie

they aim to overthrow the Bourgeoisie supremacy

yr ymdrech i goncro grym gwleidyddol gan y proletariat

the strive for the conquest of political power by the proletariat

Nid yw casgliadau damcaniaethol y Comiwnyddion mewn unrhyw ffordd yn seiliedig ar syniadau nac egwyddorion diwygwyr

The theoretical conclusions of the Communists are in no way based on ideas or principles of reformers

ni fyddai'n ddiwygwyr cyffredinol a ddyfeisiodd neu ddarganfod casgliadau damcaniaethol y Comiwnyddion

it wasn't would-be universal reformers that invented or discovered the theoretical conclusions of the Communists

Maent yn unig yn mynegi, yn gyffredinol, cysylltiadau gwirioneddol sy'n deillio o frwydr dosbarth sy'n bodoli eisoes

They merely express, in general terms, actual relations springing from an existing class struggle

ac maent yn disgrifio'r mudiad hanesyddol sy'n mynd ymlaen o dan ein llygaid sydd wedi creu'r frwydr dosbarth hwn

and they describe the historical movement going on under our very eyes that have created this class struggle

Nid yw diddymu cysylltiadau eiddo presennol o gwbl yn nodwedd nodedig o Gomiwnyddiaeth

The abolition of existing property relations is not at all a distinctive feature of Communism

Mae'r holl gysylltiadau eiddo yn y gorffennol wedi bod yn destun newid hanesyddol yn barhaus.

All property relations in the past have continually been subject to historical change

ac roedd y newidiadau hyn yn dilyn y newid mewn amodau hanesyddol

and these changes were consequent upon the change in historical conditions

Diddymodd y Chwyldro Ffrengig, er enghraifft, eiddo ffiwdal o blaid eiddo Bourgeoisie

The French Revolution, for example, abolished feudal property in favour of Bourgeoisie property

Nid yw nodwedd wahaniaethol Comiwnyddiaeth yn diddymu eiddo, yn gyffredinol

The distinguishing feature of Communism is not the abolition of property, generally

ond nodwedd wahaniaethol Comiwnyddiaeth yw diddymu eiddo Bourgeoisie

but the distinguishing feature of Communism is the abolition of Bourgeoisie property

Ond eiddo preifat modern Bourgeoisie yw'r mynegiant terfynol a mwyaf cyflawn o'r system o gynhyrchu a phriodoli cynhyrchion

But modern Bourgeoisie private property is the final and most complete expression of the system of producing and appropriating products

Dyma gyflwr olaf system sy'n seiliedig ar antagoniaethau dosbarth, lle mae antagoniaeth dosbarth yn manteisio ar y nifer gan yr ychydig

it is the final state of a system that is based on class antagonisms, where class antagonism is the exploitation of the many by the few

Yn yr ystyr hwn, gellir crynhoi theori'r Comiwnyddion yn yr un frawddeg; Diddymu eiddo preifat

In this sense, the theory of the Communists may be summed up in the single sentence; the Abolition of private property

Rydym wedi bod yn waradwyddus gyda'r awydd i ddiddymu'r hawl i gaffael eiddo yn bersonol

We Communists have been reproached with the desire of abolishing the right of personally acquiring property

honnir bod yr eiddo hwn yn ffrwyth llafur dyn ei hun

it is claimed that this property is the fruit of a man's own labour

a honnir mai'r eiddo hwn yw sylfaen pob rhyddid personol, gweithgaredd ac annibyniaeth.

and this property is alleged to be the groundwork of all

personal freedom, activity and independence.

"Caled-ennill, hunan-gaffael, eiddo hunan-ennill!"

"Hard-won, self-acquired, self-earned property!"

Ydych chi'n golygu eiddo'r crefftwr mân a'r heddychwr bach?

Do you mean the property of the petty artisan and of the small peasant?

Ydych chi'n golygu math o eiddo a ragflaenodd y ffurflen Bourgeoisie?

Do you mean a form of property that preceded the Bourgeoisie form?

Nid oes angen dileu bod, datblygu diwydiant wedi i raddau helaeth eisoes ddinistrio

There is no need to abolish that, the development of industry has to a great extent already destroyed it

ac mae datblygu diwydiant yn dal i'w ddinistrio bob dydd

and development of industry is still destroying it daily

Neu ydych chi'n golygu eiddo preifat Bourgeoisie modern?

Or do you mean modern Bourgeoisie private property?

Ond ydy cyflog-llafur yn creu unrhyw eiddo i'r llafurwr?

But does wage-labour create any property for the labourer?

Na, nid yw Llafur Cyflog yn creu un darn o'r math yma o eiddo!

no, wage labour creates not one bit of this kind of property!

beth mae Llafur yn ei greu yw cyfalaf; y math hwnnw o eiddo sy'n manteisio ar lafur cyflog

what wage labour does create is capital; that kind of property which exploits wage-labour

Ni all cyfalaf gynyddu ac eithrio ar yr amod o ymddwyn cyflenwad newydd o lafur cyflog i'w ecsbloetio o'r newydd

capital cannot increase except upon condition of begetting a new supply of wage-labour for fresh exploitation

Mae eiddo, yn ei ffurf bresennol, yn seiliedig ar antagon cyfalaf a llafur cyflog.

Property, in its present form, is based on the antagonism of capital and wage-labour

Gadewch inni edrych ar ddwy ochr yr antagon hon

Let us examine both sides of this antagonism

Mae bod yn gyfalafwr nid yn unig yn meddu ar statws personol yn unig

To be a capitalist is to have not only a purely personal status

Yn lle hynny, mae bod yn gyfalafwr hefyd i gael statws cymdeithasol mewn cynhyrchu

instead, to be a capitalist is also to have a social status in production

oherwydd bod cyfalaf yn gynnyrch ar y cyd; Dim ond trwy weithred unedig llawer o aelodau y gellir ei rhoi ar waith

because capital is a collective product; only by the united action of many members can it be set in motion

Ond mae'r weithred unedig hon yn ddewis olaf, ac mewn gwirionedd mae angen i bob aelod o'r gymdeithas

but this united action is a last resort, and actually requires all members of society

Mae cyfalaf yn cael ei drawsnewid yn eiddo i holl aelodau'r gymdeithas

Capital does get converted into the property of all members of society

ond nid yw cyfalaf, felly, yn bŵer personol; Mae'n rym cymdeithasol

but Capital is, therefore, not a personal power; it is a social power

Felly pan fydd cyfalaf yn cael ei droi'n eiddo cymdeithasol, nid yw eiddo personol yn cael ei drawsnewid yn eiddo cymdeithasol felly.

so when capital is converted into social property, personal property is not thereby transformed into social property

Dim ond cymeriad cymdeithasol yr eiddo sy'n cael ei newid, ac sy'n colli cymeriad ei ddosbarth

It is only the social character of the property that is changed, and loses its class-character

Gadewch i ni nawr edrych ar gyflog - llafur

Let us now look at wage-labour

Pris cyfartalog cyflog-llafur yw'r isafswm cyflog, h.y. cwantwm y modd o gynnal cynhaliaeth

The average price of wage-labour is the minimum wage, i.e., that quantum of the means of subsistence

Mae'r cyflog hwn yn gwbl angenrheidiol mewn bodolaeth noeth fel llafurwr

this wage is absolutely requisite in bare existence as a labourer

Beth, felly, y gweithiwr cyflog sy'n briodol trwy ei lafur, dim ond digon i ymestyn ac atgynhyrchu bodolaeth noeth

What, therefore, the wage-labourer appropriates by means of his labour, merely suffices to prolong and reproduce a bare existence

Nid ydym yn bwriadu dileu'r priodoliad personol hwn o gynhyrchion llafur o bell ffordd.

We by no means intend to abolish this personal appropriation of the products of labour

Priodoliad sy'n cael ei wneud ar gyfer cynnal ac atgynhyrchu bywyd dynol

an appropriation that is made for the maintenance and reproduction of human life

Nid yw priodoliad personol o'r fath gynhyrchion llafur yn gadael unrhyw warged lle i orchymyn llafur pobl eraill

such personal appropriation of the products of labour leave no surplus wherewith to command the labour of others

Y cyfan yr ydym am ei wneud i ffwrdd ag ef, yw cymeriad truenus y priodoliad hwn

All that we want to do away with, is the miserable character of this appropriation

y priodoli y mae'r llafurwr yn byw ynddo yn unig i gynyddu cyfalaf

the appropriation under which the labourer lives merely to increase capital

caniateir iddo fyw dim ond i'r graddau y mae diddordeb y dosbarth rheoli yn ei gwneud yn ofynnol iddo

he is allowed to live only in so far as the interest of the ruling class requires it

Yng nghymdeithas Bourgeoisie, llafur byw yn unig yn fodd i gynyddu llafur cronedig

In Bourgeoisie society, living labour is but a means to increase accumulated labour

Yn y gymdeithas Gomiwnyddol, nid yw llafur cronedig ond yn fodd i ehangu, i gyfoethogi, i hyrwyddo bodolaeth y llafurwr

In Communist society, accumulated labour is but a means to widen, to enrich, to promote the existence of the labourer

Yng nghymdeithas Bourgeoisie, felly, mae'r gorffennol yn dominyddu'r presennol

In Bourgeoisie society, therefore, the past dominates the present

yn y gymdeithas Gomiwnyddol mae'r presennol yn dominyddu'r gorffennol

in Communist society the present dominates the past

Yn Bourgeoisie cyfalaf cymdeithas yn annibynnol ac mae ganddo unigoliaeth

In Bourgeoisie society capital is independent and has individuality

Yng nghymdeithas Bourgeoisie mae'r person byw yn ddibynnol ac nid oes ganddo unigoliaeth

In Bourgeoisie society the living person is dependent and has no individuality

Ac mae diddymu'r cyflwr hwn o bethau yn cael ei alw gan y Bourgeoisie, diddymu unigoliaeth a rhyddid!

And the abolition of this state of things is called by the Bourgeoisie, abolition of individuality and freedom!

Ac mae'n cael ei alw'n briodol diddymu unigoliaeth a rhyddid!

And it is rightly called the abolition of individuality and freedom!

Mae comiwnyddiaeth yn anelu at ddiddymu unigoliaeth Bourgeoisie

Communism aims for the abolition of Bourgeoisie individuality

Mae comiwnyddiaeth yn bwriadu diddymu annibyniaeth Bourgeoisie

Communism intends for the abolition of Bourgeoisie independence

Heb os, rhyddid Bourgeoisie yw'r hyn y mae comiwnyddiaeth yn anelu ato

Bourgeoisie freedom is undoubtedly what communism is aiming at

o dan amodau cynhyrchu Bourgeoisie presennol, rhyddid yn golygu masnach rydd, gwerthu a phrynu am ddim

under the present Bourgeoisie conditions of production, freedom means free trade, free selling and buying

Ond os yw gwerthu a phrynu yn diflannu, mae gwerthu a phrynu am ddim hefyd yn diflannu

But if selling and buying disappears, free selling and buying also disappears

"geiriau dewr" gan y Bourgeoisie am werthu a phrynu am ddim yn unig sydd â ystyr gyfyngedig

"brave words" by the Bourgeoisie about free selling and buying only have meaning in a limited sense

Ystyr y geiriau hyn yn unig yn wahanol i werthu a phrynu cyfyngedig

these words have meaning only in contrast with restricted selling and buying

ac ystyr i'r geiriau hyn yn unig o'u cymhwyso i fasnachwyr llyffethair yr Oesoedd Canol

and these words have meaning only when applied to the fettered traders of the Middle Ages

ac mae hynny'n tybio bod gan y geiriau hyn ystyr hyd yn oed mewn ystyr Bourgeoisie

and that assumes these words even have meaning in a Bourgeoisie sense

ond nid oes ystyr i'r geiriau hyn pan fyddant yn cael eu defnyddio i wrthwynebu'r diddymiad Comiwnyddol o brynu a gwerthu

but these words have no meaning when they're being used to

oppose the Communistic abolition of buying and selling

nid oes ystyr i'r geiriau pan fyddant yn cael eu defnyddio i wrthwynebu amodau cynhyrchu Bourgeoisie sy'n cael eu diddymu

the words have no meaning when they're being used to oppose the Bourgeoisie conditions of production being abolished

a does ganddyn nhw ddim ystyr pan maen nhw'n cael eu defnyddio i wrthwynebu'r Bourgeoisie ei hun yn cael ei ddiddymu

and they have no meaning when they're being used to oppose the Bourgeoisie itself being abolished

Rydych chi'n arswydo ar ein bwriad i wneud i ffwrdd ag eiddo preifat

You are horrified at our intending to do away with private property

Ond yn eich cymdeithas bresennol, mae eiddo preifat eisoes wedi'i wneud i ffwrdd ag ar gyfer naw rhan o ddeg o'r boblogaeth.

But in your existing society, private property is already done away with for nine-tenths of the population

Mae bodolaeth eiddo preifat i'r ychydig yn unig oherwydd ei ddiffyg presenoldeb yn nwylo naw rhan o ddeg o'r boblogaeth

the existence of private property for the few is solely due to its non-existence in the hands of nine-tenths of the population

Yr ydych yn ein gwaradwyddo, felly, trwy fwriadu gwneud i ffwrdd â math o eiddo

You reproach us, therefore, with intending to do away with a form of property

ond mae eiddo preifat yn golygu nad oes unrhyw eiddo yn bodoli ar gyfer y mwyafrif helaeth o gymdeithas

but private property necessitates the non-existence of any property for the immense majority of society

Mewn un gair, rydych chi'n ein gwaradwyddo ni gyda'ch bwriad o wneud i ffwrdd â'ch eiddo

In one word, you reproach us with intending to do away with your property

Ac mae'n union felly; Gwneud i ffwrdd â'ch eiddo yw'r union beth yr ydym yn bwriadu ei wneud

And it is precisely so; doing away with your Property is just what we intend

O'r eiliad pan na ellir troi'r llafur bellach yn gyfalaf, arian neu rent

From the moment when labour can no longer be converted into capital, money, or rent

pan na ellir troi'r llafur bellach yn bŵer cymdeithasol sy'n gallu cael ei fonopoleiddio

when labour can no longer be converted into a social power capable of being monopolised

o'r eiliad pan na ellir trawsnewid eiddo unigol bellach yn eiddo Bourgeoisie

from the moment when individual property can no longer be transformed into Bourgeoisie property

o'r eiliad pan na ellir trawsnewid eiddo unigol bellach yn gyfalaf

from the moment when individual property can no longer be transformed into capital

O'r eiliad honno, rydych chi'n dweud bod unigolrwydd yn diflannu

from that moment, you say individuality vanishes

Rhaid i chi, felly, gyfaddef nad ydych chi, trwy "unigolyn" yn golygu unrhyw berson arall na'r Bourgeoisie

You must, therefore, confess that by "individual" you mean no other person than the Bourgeoisie

rhaid i chi gyfaddef ei fod yn cyfeirio'n benodol at berchennog dosbarth canol eiddo

you must confess it specifically refers to the middle-class owner of property

Rhaid i'r person hwn, yn wir, gael ei ysgubo allan o'r ffordd, a'i wneud yn amhosibl

This person must, indeed, be swept out of the way, and made

impossible

Nid yw comiwnyddiaeth yn amddifadu unrhyw ddyn o'r pŵer i briodoli cynnyrch cymdeithas

Communism deprives no man of the power to appropriate the products of society

y cyfan y mae Comiwnyddiaeth yn ei wneud yw ei amddifadu o'r pŵer i ddarostwng llafur pobl eraill trwy gyfrwng y fath briodoldeb.

all that Communism does is to deprive him of the power to subjugate the labour of others by means of such appropriation

Gwrthwynebwyd, ar ôl diddymu eiddo preifat, y bydd yr holl waith yn dod i ben

It has been objected that upon the abolition of private property all work will cease

ac yna awgrymir y bydd diogi cyffredinol yn ein goddiweddyd

and it is then suggested that universal laziness will overtake us

Yn ôl hyn, dylai cymdeithas Bourgeoisie fod wedi mynd i'r cŵn ers talwm trwy segurdod pur

According to this, Bourgeoisie society ought long ago to have gone to the dogs through sheer idleness

Oherwydd nad yw rhai ei aelodau sy'n gweithio, yn caffael dim

because those of its members who work, acquire nothing

a'r rhai o'i haelodau sy'n caffael unrhyw beth, nid ydynt yn gweithio

and those of its members who acquire anything, do not work

Mae'r gwrthwynebiad cyfan yn ddim ond mynegiant arall o'r tautology

The whole of this objection is but another expression of the tautology

ni all fod unrhyw gyflog mwyach pan nad oes cyfalaf mwyach

there can no longer be any wage-labour when there is no longer any capital

Nid oes gwahaniaeth rhwng cynhyrchion materol a chynhyrchion meddyliol

there is no difference between material products and mental products

Mae comiwnyddiaeth yn cynnig bod y ddau o'r rhain yn cael eu cynhyrchu yn yr un ffordd

communism proposes both of these are produced in the same way

ond yr un yw'r gwrthwynebiadau yn erbyn y dulliau Comiwnyddol o gynhyrchu'r rhain

but the objections against the Communistic modes of producing these are the same

i'r Bourgeoisie diflaniad eiddo dosbarth yw diflaniad cynhyrchu ei hun

to the Bourgeoisie the disappearance of class property is the disappearance of production itself

felly mae diflaniad diwylliant y dosbarth iddo yn union yr un fath â diflaniad pob diwylliant

so the disappearance of class culture is to him identical with the disappearance of all culture

Y diwylliant hwnnw, y golled y mae'n galaru amdano, yw i'r mwyafrif enfawr dim ond hyfforddiant i weithredu fel peiriant

That culture, the loss of which he laments, is for the enormous majority a mere training to act as a machine

Mae comiwnyddion yn bwriadu dileu diwylliant eiddo Bourgeoisie yn fawr

Communists very much intend to abolish the culture of Bourgeoisie property

Ond peidiwch â chloddio gyda ni cyn belled â'ch bod chi'n cymhwyso safon eich syniadau Bourgeoisie o ryddid, diwylliant, y gyfraith, ac ati

But don't wrangle with us so long as you apply the standard of your Bourgeoisie notions of freedom, culture, law, etc

Eich syniadau iawn yn ond y outgrowth o amodau eich cynhyrchiad Bourgeoisie ac eiddo Bourgeoisie

Your very ideas are but the outgrowth of the conditions of your Bourgeoisie production and Bourgeoisie property

yn union fel y mae eich cyfreitheg, ond ewyllys eich dosbarth a wnaed yn gyfraith i bawb

just as your jurisprudence is but the will of your class made into a law for all

Bydd cymeriad a chyfeiriad hanfodol hyn yn cael eu pennu gan yr amodau economaidd y mae eich dosbarth cymdeithasol yn eu creu

the essential character and direction of this will are determined by the economical conditions your social class create

Y camsyniad hunanol sy'n eich cymell i drawsnewid ffurfiau cymdeithasol yn gyfreithiau natur tragwyddol ac o reswm

The selfish misconception that induces you to transform social forms into eternal laws of nature and of reason

y ffurfiau cymdeithasol sy'n deillio o'ch dull presennol o gynhyrchu a ffurf eiddo

the social forms springing from your present mode of production and form of property

Cysylltiadau hanesyddol sy'n codi ac yn diflannu yn y cynnydd cynhyrchu

historical relations that rise and disappear in the progress of production

y camsyniad hwn rydych chi'n ei rannu gyda phob dosbarth rheoli sydd wedi'ch rhagflaenu chi

this misconception you share with every ruling class that has preceded you

Yr hyn a welwch yn glir yn achos eiddo hynafol, yr hyn rydych chi'n ei gyfaddef yn achos eiddo ffiwdal

What you see clearly in the case of ancient property, what you admit in the case of feudal property

y pethau hyn yr ydych wrth gwrs yn gwahardd i gyfaddef yn achos eich ffurf eiddo Bourgeoisie hun

these things you are of course forbidden to admit in the case of your own Bourgeoisie form of property

Diddymu'r teulu! Hyd yn oed y flare mwyaf radical i fyny ar y cynnig enwog hwn o'r Comiwnyddion

Abolition of the family! Even the most radical flare up at this infamous proposal of the Communists

Ar ba sylfaen yw'r teulu presennol, y teulu Bourgeoisie, wedi'i leoli?

On what foundation is the present family, the Bourgeoisie family, based?

Mae sylfaen y teulu presennol yn seiliedig ar gyfalaf ac elw preifat

the foundation of the present family is based on capital and private gain

Yn ei ffurf hollol ddatblygedig mae'r teulu hwn yn bodoli dim ond ymhlith y Bourgeoisie

In its completely developed form this family exists only among the Bourgeoisie

Mae'r cyflwr hwn o bethau yn cael ei ategu yn absenoldeb ymarferol y teulu ymhlith y puteiniaid

this state of things finds its complement in the practical absence of the family among the proletarians

Gellir dod o hyd i'r cyflwr hwn o bethau mewn puteindra cyhoeddus

this state of things can be found in public prostitution

Bydd y teulu Bourgeoisie diflannu fel mater o gwrs pan fydd ei gyflenwad yn diflannu

The Bourgeoisie family will vanish as a matter of course when its complement vanishes

a bydd y ddau o'r rhain yn diflannu gyda fanno cyfalaf

and both of these will will vanish with the vanishing of capital

Ydych chi'n codi tâl arnom o fod eisiau atal camfanteisio ar blant gan eu rhieni?

Do you charge us with wanting to stop the exploitation of children by their parents?

I'r drosedd hon rydym yn pledio'n euog

To this crime we plead guilty

Ond, byddwch chi'n dweud, rydyn ni'n dinistrio'r

perthnasau mwyaf sanctaidd, pan fyddwn ni'n disodli addysg gartref trwy addysg gymdeithasol.

But, you will say, we destroy the most hallowed of relations, when we replace home education by social education

Ydy eich addysg chi ddim yn gymdeithasol hefyd? Ac onid yw'n cael ei bennu gan yr amodau cymdeithasol yr ydych yn addysgu oddi tanynt?

is your education not also social? And is it not determined by the social conditions under which you educate?

drwy ymyrraeth, yn uniongyrchol neu'n anuniongyrchol, cymdeithas, drwy gyfrwng ysgolion, ac ati.

by the intervention, direct or indirect, of society, by means of schools, etc.

Nid yw'r Comiwnyddion wedi dyfeisio ymyrraeth cymdeithas mewn addysg

The Communists have not invented the intervention of society in education

maen nhw'n gwneud ond yn ceisio newid cymeriad yr ymyrraeth honno

they do but seek to alter the character of that intervention

ac maen nhw'n ceisio achub addysg o ddylanwad y dosbarth sy'n rheoli

and they seek to rescue education from the influence of the ruling class

Y Bourgeoisie siarad am gydberthynas sancteiddiedig rhiant a phlentyn

The Bourgeoisie talk of the hallowed co-relation of parent and child

ond mae'r clap-trap hwn am y teulu ac addysg yn dod yn fwy ffiaidd fyth wrth edrych ar y Diwydiant Modern

but this clap-trap about the family and education becomes all the more disgusting when we look at Modern Industry

Mae'r holl gysylltiadau teuluol ymhlith y proletarianiaid yn cael eu rhwygo gan ddiwydiant modern

all family ties among the proletarians are torn asunder by modern industry

Mae eu plant yn cael eu trawsnewid yn erthyglau masnach syml ac offerynnau llafur
their children are transformed into simple articles of commerce and instruments of labour

Ond byddech chi'r Comiwnyddion yn creu cymuned o ferched, sgrechian y Bourgeoisie cyfan mewn corws
But you Communists would create a community of women, screams the whole Bourgeoisie in chorus

Mae'r Bourgeoisie yn gweld yn ei wraig offeryn cynhyrchu yn unig
The Bourgeoisie sees in his wife a mere instrument of production

Mae'n clywed bod offerynnau cynhyrchu i gael eu hecsbloetio gan bawb
He hears that the instruments of production are to be exploited by all

Ac, yn naturiol, gall ddod i unrhyw gasgliad arall na bod y bydd y rhan fwyaf o fod yn gyffredin i bawb hefyd yn disgyn i fenywod.
and, naturally, he can come to no other conclusion than that the lot of being common to all will likewise fall to women

Nid oes ganddo hyd yn oed amheuaeth mai'r gwir bwynt yw gwneud i ffwrdd â statws menywod fel offerynnau cynhyrchu yn unig
He has not even a suspicion that the real point is to do away with the status of women as mere instruments of production

Ar gyfer y gweddill, nid oes dim yn fwy chwerthinllyd na dicter rhinweddol ein Bourgeoisie yn y gymuned o fenywod
For the rest, nothing is more ridiculous than the virtuous indignation of our Bourgeoisie at the community of women

maent yn esgus ei fod i gael ei sefydlu'n agored ac yn swyddogol gan y Comiwnyddion
they pretend it is to be openly and officially established by the Communists

Nid oes angen i'r Comiwnyddion gyflwyno cymuned o ferched, mae wedi bodoli bron o amser i gofio

The Communists have no need to introduce community of
women, it has existed almost from time immemorial
**Nid yw ein Bourgeoisie yn fodlon â chael gwragedd a
merched eu puteiniaid ar gael iddynt.**
Our Bourgeoisie are not content with having the wives and
daughters of their proletarians at their disposal
Maen nhw'n cael y pleser mwyaf o hudo gwragedd ei gilydd
they take the greatest pleasure in seducing each other's wives
ac nid yw hynny hyd yn oed i siarad am buteindra cyffredin
and that is not even to speak of common prostitutes
**Mae priodas Bourgeoisie mewn gwirionedd yn system o
wragedd yn gyffredin.**
Bourgeoisie marriage is in reality a system of wives in
common
**yna mae un peth y gallai'r Comiwnyddion fod yn
waradwyddus ag ef**
then there is one thing that the Communists might possibly be
reproached with
**maent am gyflwyno cymuned o fenywod sydd wedi'i
gyfreithloni'n agored**
they desire to introduce an openly legalised community of
women
**yn hytrach na chymuned o fenywod sydd wedi'u cuddio'n
rhagrithiol**
rather than a hypocritically concealed community of women
Cymuned menywod yn tarddu o'r system gynhyrchu
the community of women springing from the system of
production
**ddiddymu'r system gynhyrchu, ac rydych yn diddymu'r
gymuned o fenywod**
abolish the system of production, and you abolish the
community of women
diddymir puteindra cyhoeddus, a phuteindra preifat
both public prostitution is abolished, and private prostitution
**Mae'r Comiwnyddion yn fwy gwaradwyddus yn dymuno
diddymu gwledydd a chenedligrwydd**

The Communists are further more reproached with desiring to abolish countries and nationality

Nid oes gan y gweithwyr unrhyw wlad, felly ni allwn gymryd oddi wrthynt yr hyn nad oes ganddynt

The working men have no country, so we cannot take from them what they have not got

Rhaid i'r proletariat yn gyntaf oll ennill goruchafiaeth wleidyddol

the proletariat must first of all acquire political supremacy

Rhaid i'r proletariat godi i fod yn ddosbarth arweiniol y genedl

the proletariat must rise to be the leading class of the nation

Rhaid i'r proletariat ei hun fod yn genedl

the proletariat must constitute itself the nation

hyd yn hyn, ei hun yn genedlaethol, er nad yn ystyr Bourgeoisie y gair

it is, so far, itself national, though not in the Bourgeoisie sense of the word

Mae gwahaniaethau cenedlaethol ac antagoniaethau rhwng pobloedd yn digwydd fwyfwy bob dydd

National differences and antagonisms between peoples are daily more and more vanishing

oherwydd datblygiad y Bourgeoisie, i ryddid masnach, i'r farchnad fyd-eang

owing to the development of the Bourgeoisie, to freedom of commerce, to the world-market

i unffurfiaeth yn y modd cynhyrchu ac yn amodau bywyd sy'n cyfateb iddo

to uniformity in the mode of production and in the conditions of life corresponding thereto

Bydd goruchafiaeth y proletariat yn achosi iddynt ddiflannu'n gyflymach o hyd

The supremacy of the proletariat will cause them to vanish still faster

Gweithredu unedig, o'r gwledydd gwaraidd blaenllaw o leiaf, yw un o'r amodau cyntaf ar gyfer rhyddhau'r

proletariat

United action, of the leading civilised countries at least, is one of the first conditions for the emancipation of the proletariat

Yn gymesur â chamfanteisio ar un unigolyn gan un arall yn cael ei roi i ben, bydd camfanteisio ar un genedl gan un arall hefyd yn cael ei roi i ben

In proportion as the exploitation of one individual by another is put an end to, the exploitation of one nation by another will also be put an end to

Yn gymesur wrth i'r antagoniaeth rhwng dosbarthiadau o fewn y genedl ddiflannu, bydd gelyniaeth un genedl i'r llall yn dod i ben

In proportion as the antagonism between classes within the nation vanishes, the hostility of one nation to another will come to an end

Nid yw'r cyhuddiadau yn erbyn Comiwnyddiaeth a wnaed o safbwynt crefyddol, athroniaethol, ac, yn gyffredinol, o safbwynt ideolegol, yn haeddu archwiliad difrifol

The charges against Communism made from a religious, a philosophical, and, generally, from an ideological standpoint, are not deserving of serious examination

A oes angen greddf dwfn i ddeall syniadau, safbwyntiau a chenhedlu dyn hwnnw yn newid gyda phob newid yn amodau ei fodolaeth faterol?

Does it require deep intuition to comprehend that man's ideas, views and conceptions changes with every change in the conditions of his material existence?

Onid yw'n amlwg bod ymwybyddiaeth dyn yn newid pan fydd ei gysylltiadau cymdeithasol a'i fywyd cymdeithasol yn newid?

is it not obvious that man's consciousness changes when his social relations and his social life changes?

Beth arall mae hanes syniadau'n ei brofi, na'r cynhyrchiad deallusol hwnnw yn newid ei gymeriad yn gymesur wrth i gynhyrchu deunydd gael ei newid?

What else does the history of ideas prove, than that

intellectual production changes its character in proportion as material production is changed?

Mae syniadau dyfarniad pob oedran erioed wedi bod yn syniadau ei ddosbarth rheoli

The ruling ideas of each age have ever been the ideas of its ruling class

Pan fydd pobl yn siarad am syniadau sy'n chwyldroi cymdeithas, maen nhw'n gwneud ond yn mynegi un ffaith

When people speak of ideas that revolutionise society, they do but express one fact

o fewn yr hen gymdeithas, mae elfennau un newydd wedi cael eu creu

within the old society, the elements of a new one have been created

a bod diddymu'r hen syniadau yn cadw hyd yn oed yn gyflym â diddymu'r hen amodau bodolaeth

and that the dissolution of the old ideas keeps even pace with the dissolution of the old conditions of existence

Pan oedd yr hen fyd yn ei throes olaf, goresgynnwyd y crefyddau hynafol gan Gristnogaeth

When the ancient world was in its last throes, the ancient religions were overcome by Christianity

Pan ildiodd syniadau Cristnogol yn y 18g i syniadau rhesymegol, ymladdodd cymdeithas ffiwdal ei brwydr marwolaeth gyda'r Bourgeoisie chwyldroadol ar y pryd.

When Christian ideas succumbed in the 18th century to rationalist ideas, feudal society fought its death battle with the then revolutionary Bourgeoisie

Roedd syniadau rhyddid crefyddol a rhyddid cydwybod yn unig yn rhoi mynegiant i'r ffordd o gystadlu rhydd o fewn y maes gwybodaeth.

The ideas of religious liberty and freedom of conscience merely gave expression to the sway of free competition within the domain of knowledge

"Heb os," dywedir, "Mae syniadau crefyddol, moesol, athronyddol a chyfreithiol wedi'u haddasu yn ystod

datblygiad hanesyddol"

"Undoubtedly," it will be said, "religious, moral, philosophical and juridical ideas have been modified in the course of historical development"

"Ond mae crefydd, athroniaeth foesoldeb, gwyddoniaeth wleidyddol, a'r gyfraith wedi goroesi'r newid hwn yn gyson"

"But religion, morality philosophy, political science, and law, constantly survived this change"

"Y mae hefyd wirioneddau tragwyddol, megis rhyddid, cyfiawnder, ac ati."

"There are also eternal truths, such as Freedom, Justice, etc"

"Mae'r gwirioneddau tragwyddol hyn yn gyffredin i holl daleithiau cymdeithas"

"these eternal truths are common to all states of society"

"Ond mae Comiwnyddiaeth yn diddymu gwirioneddau tragwyddol, mae'n diddymu'r holl grefydd, a phob moesoldeb."

"But Communism abolishes eternal truths, it abolishes all religion, and all morality"

"Mae'n gwneud hyn yn hytrach na'u cyfansoddi ar sail newydd"

"it does this instead of constituting them on a new basis"

"Felly mae'n gweithredu'n groes i holl brofiad hanesyddol y gorffennol."

"it therefore acts in contradiction to all past historical experience"

Beth mae'r cyhuddiad hwn yn ei leihau ei hun?

What does this accusation reduce itself to?

Mae hanes holl gymdeithas y gorffennol wedi cynnwys datblygu antagoniaethau dosbarth

The history of all past society has consisted in the development of class antagonisms

antagonisms a dybiodd wahanol ffurfiau ar wahanol gyfnodau

antagonisms that assumed different forms at different epochs

Ond pa bynnag ffurf y gallent fod wedi'i gymryd, mae un

ffaith yn gyffredin i bob oedran yn y gorffennol

But whatever form they may have taken, one fact is common
to all past ages

manteisio ar un rhan o gymdeithas gan y llall

the exploitation of one part of society by the other

Dim rhyfedd, felly, bod ymwybyddiaeth gymdeithasol
oesoedd y gorffennol yn symud o fewn rhai ffurfiau
cyffredin, neu syniadau cyffredinol

No wonder, then, that the social consciousness of past ages
moves within certain common forms, or general ideas

(ac mae hynny er gwaethaf yr holl luosogrwydd a'r
amrywiaeth y mae'n eu harddangos)

(and that is despite all the multiplicity and variety it displays)

Ac ni all y rhain ddiflannu'n llwyr ac eithrio gyda diflaniad
llwyr antagoniaethau dosbarth

and these cannot completely vanish except with the total
disappearance of class antagonisms

Y chwyldro Comiwnyddol yw'r rhwyg mwyaf radical gyda
chysylltiadau eiddo traddodiadol

The Communist revolution is the most radical rupture with
traditional property relations

Does ryfedd bod ei ddatblygiad yn cynnwys y rhwyg mwyaf
radical gyda syniadau traddodiadol

no wonder that its development involves the most radical
rupture with traditional ideas

Ond gadewch i ni fod wedi gwneud gyda'r
gwrthwynebiadau Bourgeoisie i Gomiwnyddiaeth

But let us have done with the Bourgeoisie objections to
Communism

Rydym wedi gweld uwchben y cam cyntaf yn y chwyldro
gan y dosbarth gweithiol

We have seen above the first step in the revolution by the
working class

Rhaid codi Proletariat i safle dyfarniad, er mwyn ennill
Brwydr Democratiaeth

proletariat has to be raised to the position of ruling, to win the battle of democracy

Bydd y proletariat yn defnyddio ei oruchafiaeth wleidyddol i ymgodymu, yn ôl graddau, pob prifddinas o'r Bourgeoisie

The proletariat will use its political supremacy to wrest, by degrees, all capital from the Bourgeoisie

bydd yn canoli pob offeryn cynhyrchu yn nwylo'r Wladwriaeth

it will centralise all instruments of production in the hands of the State

Mewn geiriau eraill, trefnwyd y proletariat fel y dosbarth sy'n rheoli

in other words, the proletariat organised as the ruling class

a bydd yn cynyddu cyfanswm y grymoedd cynhyrchiol cyn gynted â phosibl

and it will increase the total of productive forces as rapidly as possible

Wrth gwrs, yn y dechrau, ni ellir effeithio hyn ac eithrio trwy gyfrwng ffyrdd despotig ar hawliau eiddo

Of course, in the beginning, this cannot be effected except by means of despotic inroads on the rights of property

ac mae'n rhaid ei gyflawni ar amodau cynhyrchu Bourgeoisie

and it has to be achieved on the conditions of Bourgeoisie production

mae'n cael ei gyflawni drwy fesurau, felly, sy'n ymddangos yn annigonol yn economaidd ac yn anghynaladwy

it is achieved by means of measures, therefore, which appear economically insufficient and untenable

ond mae'r rhain yn golygu, yn ystod y mudiad, outstrip eu hunain

but these means, in the course of the movement, outstrip themselves

bod angen rhagor o fewnffordd arnynt ar yr hen drefn gymdeithasol

they necessitate further inroads upon the old social order

ac nid oes modd eu hosgoi fel modd o chwyldroi'n llwyr y

dull cynhyrchu

and they are unavoidable as a means of entirely revolutionising the mode of production

Wrth gwrs, bydd y mesurau hyn yn wahanol mewn gwahanol wledydd

These measures will of course be different in different countries

Fodd bynnag, yn y gwledydd mwyaf datblygedig, bydd y canlynol yn eithaf cyffredinol berthnasol.

Nevertheless in the most advanced countries, the following will be pretty generally applicable

1. Diddymu eiddo mewn tir a chymhwyso pob rhent tir at ddibenion cyhoeddus.

1. Abolition of property in land and application of all rents of land to public purposes.

2. Treth incwm flaengar neu raddedig drom.

2. A heavy progressive or graduated income tax.

3. Diddymu pob hawl etifeddiaeth.

3. Abolition of all right of inheritance.

4. Ymryson eiddo pob mewnfudwr a gwrthryfelwr.

4. Confiscation of the property of all emigrants and rebels.

5. Canoli credyd yn nwylo'r Wladwriaeth, trwy fanc cenedlaethol gyda chyfalaf y Wladwriaeth a monopoli unigryw.

5. Centralisation of credit in the hands of the State, by means of a national bank with State capital and an exclusive monopoly.

6. Canoli'r modd o gyfathrebu a thrafnidiaeth yn nwylo'r Wladwriaeth.

6. Centralisation of the means of communication and transport in the hands of the State.

7. Ymestyn ffatrïoedd ac offerynnau cynhyrchu sy'n eiddo i'r Wladwriaeth

7. Extension of factories and instruments of production owned by the State

dod â thiroedd gwastraff i mewn i amaethu, a gwella'r pridd

yn gyffredinol yn unol â chynllun cyffredin.
the bringing into cultivation of waste-lands, and the improvement of the soil generally in accordance with a common plan.

8. Atebolrwydd cyfartal i bawb i lafur
8. Equal liability of all to labour

Sefydlu byddinoedd diwydiannol, yn enwedig ar gyfer amaethyddiaeth.
Establishment of industrial armies, especially for agriculture.

9. Cyfuniad o amaethyddiaeth gyda diwydiannau gweithgynhyrchu
9. Combination of agriculture with manufacturing industries

Diddymu'r gwahaniaeth rhwng y dref a'r wlad yn raddol, trwy ddosbarthu'r boblogaeth yn fwy graddol dros y wlad.
gradual abolition of the distinction between town and country, by a more equable distribution of the population over the country.

10. Addysg am ddim i bob plentyn mewn ysgolion cyhoeddus.
10. Free education for all children in public schools.

Diddymu llafur ffatri plant yn ei ffurf bresennol
Abolition of children's factory labour in its present form

Cyfuniad o addysg gyda chynhyrchu diwydiannol
Combination of education with industrial production

Pan fydd gwahaniaethau dosbarth, yn ystod y datblygiad, wedi diflannu
When, in the course of development, class distinctions have disappeared

a phan fo'r holl gynhyrchu wedi'i ganoli yn nwylo cymdeithas helaeth o'r genedl gyfan
and when all production has been concentrated in the hands of a vast association of the whole nation

yna bydd grym y cyhoedd yn colli ei gymeriad gwleidyddol
then the public power will lose its political character

Pŵer gwleidyddol, a elwir yn briodol, yn unig yw pŵer cyfundrefnol un dosbarth ar gyfer gormesu un arall.

Political power, properly so called, is merely the organised power of one class for oppressing another

Os yw'r proletariat yn ystod ei ornest gyda'r Bourgeoisie yn cael ei orfodi, gan rym amgylchiadau, i drefnu ei hun fel dosbarth

If the proletariat during its contest with the Bourgeoisie is compelled, by the force of circumstances, to organise itself as a class

Os, trwy gyfrwng chwyldro, mae'n gwneud ei hun yn ddosbarth rheoli

if, by means of a revolution, it makes itself the ruling class

ac, o'r herwydd, mae'n ysgubo ymaith trwy rym yr hen amodau cynhyrchu

and, as such, it sweeps away by force the old conditions of production

Yna bydd, ynghyd â'r amodau hyn, wedi ysgubo i ffwrdd yr amodau ar gyfer bodolaeth antagoniaethau dosbarth a dosbarthiadau yn gyffredinol

then it will, along with these conditions, have swept away the conditions for the existence of class antagonisms and of classes generally

ac felly bydd wedi diddymu ei oruchafiaeth ei hun fel dosbarth.

and will thereby have abolished its own supremacy as a class.

Yn lle'r hen gymdeithas Bourgeoisie, gyda'i dosbarthiadau a'i dosbarth antagonisms, bydd gennym gysylltiad

In place of the old Bourgeoisie society, with its classes and class antagonisms, we shall have an association

cymdeithas lle mae datblygiad rhydd pob un yn gyflwr ar gyfer datblygiad rhydd pawb

an association in which the free development of each is the condition for the free development of all

Reactionary Socialism
Sosialaeth Adweithiol

a) Sosialaeth Feudal
a) Feudal Socialism

roedd gan bendefigion Ffrainc a Lloegr safle hanesyddol unigryw
the aristocracies of France and England had a unique historical position

daeth yn alwedigaeth iddynt ysgrifennu pamffledi yn erbyn cymdeithas fodern Bourgeoisie
it became their vocation to write pamphlets against modern Bourgeoisie society

Yn y chwyldro Ffrengig ym mis Gorffennaf 1830, ac yn y cynnwrf diwygio Seisnig
In the French revolution of July 1830, and in the English reform agitation

Mae'r aristocratiaid hyn eto ildio i'r cychwyn atgas
these aristocracies again succumbed to the hateful upstart

Yna, roedd cystadleuaeth wleidyddol ddifrifol allan o'r cwestiwn yn gyfan gwbl
Thenceforth, a serious political contest was altogether out of the question

Y cyfan a oedd yn bosibl oedd brwydr lenyddol, nid brwydr go iawn.
All that remained possible was literary battle, not an actual battle

Ond hyd yn oed ym maes llenyddiaeth roedd hen gri'r cyfnod adfer wedi mynd yn amhosib
But even in the domain of literature the old cries of the restoration period had become impossible

Er mwyn ennyn cydymdeimlad, roedd yn rhaid i'r aristocratiaeth golli golwg, yn ôl pob tebyg, o'u diddordebau eu hunain
In order to arouse sympathy, the aristocracy were obliged to

lose sight, apparently, of their own interests

ac roedd yn rhaid iddynt lunio eu cyhuddiad yn erbyn y Bourgeoisie er budd y dosbarth gweithiol ecsbloetiol

and they were obliged to formulate their indictment against the Bourgeoisie in the interest of the exploited working class

Felly cymerodd yr aristocratiaeth eu dial trwy ganu lampŵns ar eu meistr newydd

Thus the aristocracy took their revenge by singing lampoons on their new master

A hwy a ddialasant trwy sibrwd yn ei glustiau broffwydoliaethau Sinistr o ddyfod Catastrophe

and they took their revenge by whispering in his ears sinister prophecies of coming catastrophe

Yn y modd hwn cododd Sosialaeth Feudal: hanner galarnadau, hanner lampŵn

In this way arose Feudal Socialism: half lamentation, half lampoon

Mae'n canu fel hanner adlais o'r gorffennol, ac yn rhagweld hanner menace y dyfodol

it rung as half echo of the past, and projected half menace of the future

ar adegau, gan ei feirniadaeth chwerw, ffraeth a threiddgar, fe darodd y Bourgeoisie i graidd y galon iawn

at times, by its bitter, witty and incisive criticism, it struck the Bourgeoisie to the very heart's core

Ond roedd bob amser yn chwerthinllyd yn ei effaith, trwy anallu llwyr i ddeall gorymdaith hanes modern

but it was always ludicrous in its effect, through total incapacity to comprehend the march of modern history

Roedd yr aristocratiaeth, er mwyn rali'r bobl iddynt, yn chwifio'r alms-bag proletarian o'i flaen am faner

The aristocracy, in order to rally the people to them, waved the proletarian alms-bag in front for a banner

Ond gwelodd y bobl, mor aml ag yr oedd yn ymuno â nhw, ar eu hôl yr hen arfbais ffiwdal

But the people, so often as it joined them, saw on their

hindquarters the old feudal coats of arms

A hwy a adawsant â chwerthin uchel ac amharchus

and they deserted with loud and irreverent laughter

Roedd un rhan o'r Cyfreithlonwyr Ffrengig a "Young England" yn arddangos y sioe hon

One section of the French Legitimists and "Young England" exhibited this spectacle

tynnodd y feudalists sylw at y ffaith bod eu dull o ecsbloetio yn wahanol i ddull y Bourgeoisie

the feudalists pointed out that their mode of exploitation was different to that of the Bourgeoisie

Mae'r ffederalwyr yn anghofio eu bod yn manteisio ar amgylchiadau ac amodau a oedd yn eithaf gwahanol

the feudalists forget that they exploited under circumstances and conditions that were quite different

ac ni wnaethant sylwi bod dulliau o'r fath o ecsbloetio bellach yn hen ffasiwn

and they didn't notice such methods of exploitation are now antiquated

Maent yn dangos, o dan eu rheol, nad oedd y proletariat modern erioed yn bodoli

they showed that, under their rule, the modern proletariat never existed

ond maen nhw'n anghofio mai'r Bourgeoisie modern yw'r epil angenrheidiol o'u math eu hunain o gymdeithas

but they forget that the modern Bourgeoisie is the necessary offspring of their own form of society

Am y gweddill, prin y maent yn cuddio cymeriad adweithiol eu beirniadaeth

For the rest, they hardly conceal the reactionary character of their criticism

mae eu prif gyhuddiad yn erbyn y Bourgeoisie yn gyfystyr â'r canlynol

their chief accusation against the Bourgeoisie amounts to the following

dan drefn Bourgeoisie mae dosbarth cymdeithasol yn cael ei

ddatblygu

under the Bourgeoisie regime a social class is being developed

Mae'r dosbarth cymdeithasol hwn i fod i dorri gwreiddiau a changhennu hen drefn cymdeithas

this social class is destined to cut up root and branch the old order of society

Nid yw'r hyn maen nhw'n upbraid y Bourgeoisie ag ef gymaint nes ei fod yn creu proletariat

What they upbraid the Bourgeoisie with is not so much that it creates a proletariat

yr hyn y maent yn upbraid y Bourgeoisie ag ef yn fwy fel ei fod yn creu proletariat chwyldroadol

what they upbraid the Bourgeoisie with is moreso that it creates a revolutionary proletariat

Mewn ymarfer gwleidyddol, felly, maent yn ymuno ym mhob mesur gorfodol yn erbyn y dosbarth gweithiol.

In political practice, therefore, they join in all coercive measures against the working class

Ac mewn bywyd cyffredin, er gwaethaf eu ymadroddion highfalutin, maent yn plygu i godi'r afalau aur gollwng o goeden diwydiant

and in ordinary life, despite their highfalutin phrases, they stoop to pick up the golden apples dropped from the tree of industry

Ac maent yn gwahardd gwirionedd, cariad, ac anrhydedd am fasnach mewn gwlân, betys-siwgr a gwirodydd tatws

and they barter truth, love, and honour for commerce in wool, beetroot-sugar, and potato spirits

Gan fod y parson erioed wedi mynd law yn llaw â'r landlord, felly hefyd Sosialaeth Glerigol gyda Sosialaeth Feudal

As the parson has ever gone hand in hand with the landlord, so has Clerical Socialism with Feudal Socialism

Nid oes dim yn haws na rhoi asgetiaeth Gristnogol yn tinge Sosialaidd

Nothing is easier than to give Christian asceticism a Socialist tinge

Onid yw Cristnogaeth wedi hawlio yn erbyn eiddo preifat, yn erbyn priodas, yn erbyn y Wladwriaeth?

Has not Christianity declaimed against private property, against marriage, against the State?

Onid yw Cristnogaeth wedi pregethu yn lle'r rhain, elusen a thlodi?

Has Christianity not preached in the place of these, charity and poverty?

Onid yw Cristnogaeth yn pregethu celibacy a marweidd-dra y cnawd, bywyd mynachaidd a Mam Eglwys?

Does Christianity not preach celibacy and mortification of the flesh, monastic life and Mother Church?

Sosialaeth Gristnogol yn unig yw'r dŵr sanctaidd y mae'r offeiriad yn cysegru ag ef losgiadau calon yr aristocrat

Christian Socialism is but the holy water with which the priest consecrates the heart-burnings of the aristocrat

b) Sosialaeth Petty-Bourgeois
b) Petty-Bourgeois Socialism

Nid yr aristocratiaeth ffiwdal oedd yr unig ddosbarth a adfeiliwyd gan y Bourgeoisie
The feudal aristocracy was not the only class that was ruined by the Bourgeoisie
nid hwn oedd yr unig ddosbarth y mae ei amodau bodolaeth pinio a darfod yn awyrgylch cymdeithas Bourgeoisie fodern
it was not the only class whose conditions of existence pined and perished in the atmosphere of modern Bourgeoisie society
Y bwrdeisiaid canoloesol a'r perchenogion heddychol bychain oedd rhagflaenwyr y Bourgeoisie modern
The medieval burgesses and the small peasant proprietors were the precursors of the modern Bourgeoisie
Yn y gwledydd hynny sydd ond ychydig datblygedig, diwydiannol a masnachol, mae'r ddau ddosbarth hyn yn dal i lystyfiant ochr yn ochr
In those countries which are but little developed, industrially and commercially, these two classes still vegetate side by side
ac yn y cyfamser mae'r Bourgeoisie yn codi wrth eu hymyl: diwydiannol, masnachol, a gwleidyddol
and in the meantime the Bourgeoisie rise up next to them: industrially, commercially, and politically
Mewn gwledydd lle mae gwareiddiad modern wedi datblygu'n llawn, ffurfiwyd dosbarth newydd o Petty Bourgeoisie
In countries where modern civilisation has become fully developed, a new class of petty Bourgeoisie has been formed
mae'r dosbarth cymdeithasol newydd hwn yn amrywio rhwng proletariat a bourgeoisie
this new social class fluctuates between proletariat and Bourgeoisie
ac mae byth yn adnewyddu ei hun fel rhan atodol o gymdeithas Bourgeoisie
and it is ever renewing itself as a supplementary part of

Bourgeoisie society

Mae aelodau unigol y dosbarth hwn, fodd bynnag, yn cael eu gwasgu'n gyson i lawr i'r proletariat

The individual members of this class, however, are being constantly hurled down into the proletariat

maent yn cael eu sugno i fyny gan y proletariat drwy weithred y gystadleuaeth

they are sucked up by the proletariat through the action of competition

Wrth i'r diwydiant modern ddatblygu maent hyd yn oed yn gweld y foment yn agosáu pan fyddant yn diflannu'n llwyr fel rhan annibynnol o'r gymdeithas fodern.

as modern industry develops they even see the moment approaching when they will completely disappear as an independent section of modern society

Byddant yn cael eu disodli, mewn gweithgynhyrchwyr, amaethyddiaeth a masnach, gan orwylwyr, beilïaid a siopwyr.

they will be replaced, in manufactures, agriculture and commerce, by overlookers, bailiffs and shopmen

Mewn gwledydd fel Ffrainc, lle mae'r gwerinwyr yn ffurfio mwy na hanner y boblogaeth

In countries like France, where the peasants constitute far more than half of the population

roedd hi'n naturiol fod yna lenorion a ochrodd gyda'r proletariat yn erbyn y Bourgeoisie

it was natural that there there are writers who sided with the proletariat against the Bourgeoisie

yn eu beirniadaeth o'r drefn Bourgeoisie roeddent yn defnyddio safon y werin a mân Bourgeoisie

in their criticism of the Bourgeoisie regime they used the standard of the peasant and petty Bourgeoisie

Ac o safbwynt y dosbarthiadau canolradd hyn maent yn manteisio ar y cudgels ar gyfer y dosbarth gweithiol

and from the standpoint of these intermediate classes they take up the cudgels for the working class

**Felly cododd Sosialaeth petty-Bourgeoisie, yr oedd
Sismondi yn bennaeth yr ysgol hon, nid yn unig yn Ffrainc
ond hefyd yn Lloegr hefyd.**

Thus arose petty-Bourgeoisie Socialism, of which Sismondi
was the head of this school, not only in France but also in
England

**Gwasgarodd yr ysgol Sosialaeth hon â difrifoldeb mawr y
gwrthddywediadau yn amodau cynhyrchu modern**

This school of Socialism dissected with great acuteness the
contradictions in the conditions of modern production

**Ymddiheurodd yr ysgol hon am ymddiheuriadau rhagrithiol
economegwyr**

This school laid bare the hypocritical apologies of economists

**Profwydodd yr ysgol hon, yn ddidadl, effeithiau
trychinebus peiriannau a rhannu llafur**

This school proved, incontrovertibly, the disastrous effects of
machinery and division of labour

Profodd grynodiad cyfalaf a thir mewn ychydig o ddwylo

it proved the concentration of capital and land in a few hands

**profodd sut mae gorgynhyrchu yn arwain at argyfyngau
Bourgeoisie**

it proved how overproduction leads to Bourgeoisie crises

tynnodd sylw at adfail anochel y Bourgeoisie a'r heddychwr

it pointed out the inevitable ruin of the petty Bourgeoisie and
peasant

**Trueni y proletariat, yr anarchiaeth wrth gynhyrchu, yr
anghydraddoldebau crio wrth ddosbarthu cyfoeth**

the misery of the proletariat, the anarchy in production, the
crying inequalities in the distribution of wealth

**Dangosodd sut mae'r system gynhyrchu yn arwain y rhyfel
diwydiannol difodi rhwng cenhedloedd**

it showed how the system of production leads the industrial
war of extermination between nations

**diddymu hen fondiau moesol, hen gysylltiadau teuluol, yr
hen genhedloedd**

the dissolution of old moral bonds, of the old family relations, of the old nationalities

Yn ei nodau cadarnhaol, fodd bynnag, mae'r math hwn o Sosialaeth yn anelu at gyflawni un o ddau beth.

In its positive aims, however, this form of Socialism aspires to achieve one of two things

naill ai mae'n anelu at adfer yr hen fodd o gynhyrchu a chyfnewid

either it aims to restore the old means of production and of exchange

a chyda'r hen fodd o gynhyrchu byddai'n adfer yr hen gysylltiadau eiddo, a'r hen gymdeithas

and with the old means of production it would restore the old property relations, and the old society

neu ei nod yw cyfyngu'r dulliau modern o gynhyrchu a chyfnewid i mewn i hen fframwaith y cysylltiadau eiddo

or it aims to cramp the modern means of production and exchange into the old framework of the property relations

Yn y naill achos neu'r llall, mae'n adweithiol ac Utopian

In either case, it is both reactionary and Utopian

Ei eiriau olaf yw: Urddau corfforaethol ar gyfer cynhyrchu, cysylltiadau patriarchaidd mewn amaethyddiaeth

Its last words are: corporate guilds for manufacture, patriarchal relations in agriculture

Yn y pen draw, pan oedd ffeithiau hanesyddol ystyfnig wedi gwasgaru holl effeithiau meddwol hunan-dwyll

Ultimately, when stubborn historical facts had dispersed all intoxicating effects of self-deception

daeth y math hwn o Sosialaeth i ben mewn ffit truenus o drueni

this form of Socialism ended in a miserable fit of pity

c) Almaeneg, neu "Gwir," Sosialaeth
c) German, or "True," Socialism

Tarddodd llenyddiaeth Sosialaidd a Comiwnyddol Ffrainc o dan bwysau Bourgeoisie mewn grym
The Socialist and Communist literature of France originated under the pressure of a Bourgeoisie in power
a'r llenyddiaeth hon oedd mynegiant y frwydr yn erbyn y grym hwn
and this literature was the expression of the struggle against this power
fe'i cyflwynwyd i'r Almaen ar adeg pan oedd y Bourgeoisie newydd ddechrau ei ornest gydag absolutism ffiwdal
it was introduced into Germany at a time when the Bourgeoisie had just begun its contest with feudal absolutism
Athronwyr Almaeneg, darpar athronwyr, a beaux esprits, atafaelwyd yn eiddgar ar y llenyddiaeth hon
German philosophers, would-be philosophers, and beaux esprits, eagerly seized on this literature
ond fe wnaethant anghofio bod yr ysgrifau wedi mewnfudo o Ffrainc i'r Almaen heb ddod ag amodau cymdeithasol Ffrainc draw
but they forgot that the writings immigrated from France into Germany without bringing the French social conditions along
Mewn cysylltiad ag amodau cymdeithasol yr Almaen, collodd y llenyddiaeth Ffrangeg hon ei holl arwyddocâd ymarferol uniongyrchol.
In contact with German social conditions, this French literature lost all its immediate practical significance
a thybiai llenyddiaeth Gomiwnyddol Ffrainc agwedd lenyddol yn unig mewn cylchoedd academaidd Almaeneg
and the Communist literature of France assumed a purely literary aspect in German academic circles
Felly, nid oedd gofynion y Chwyldro Ffrengig cyntaf yn ddim mwy na gofynion "Rheswm Ymarferol"
Thus, the demands of the first French Revolution were nothing more than the demands of "Practical Reason"

a hynodrwydd ewyllys y Bourgeoisie Ffrengig chwyldroadol yn eu llygaid gyfraith ewyllys pur

and the utterance of the will of the revolutionary French Bourgeoisie signified in their eyes the law of pure Will

roedd yn dynodi ewyllys fel yr oedd yn rhwym o fod; Gwir ewyllys dynol yn gyffredinol

it signified Will as it was bound to be; of true human Will generally

Roedd byd y llythrennog Almaeneg yn cynnwys dod â'r syniadau Ffrengig newydd i gytgord â'u cydwybod athronyddol hynafol yn unig.

The world of the German literati consisted solely in bringing the new French ideas into harmony with their ancient philosophical conscience

neu yn hytrach, fe wnaethant atodi'r syniadau Ffrengig heb adael eu safbwynt athronyddol eu hunain

or rather, they annexed the French ideas without deserting their own philosophic point of view

Digwyddodd yr atodiad hwn yn yr un modd ag y priodolir iaith dramor, sef, trwy gyfieithiad.

This annexation took place in the same way in which a foreign language is appropriated, namely, by translation

Mae'n adnabyddus sut yr ysgrifennodd y mynachod fywydau gwirion Saint Catholig dros lawysgrifau

It is well known how the monks wrote silly lives of Catholic Saints over manuscripts

Y llawysgrifau yr ysgrifennwyd gweithiau clasurol Heathendom hynafol arnynt

the manuscripts on which the classical works of ancient heathendom had been written

Gwrthdroidd y llythrennog Almaeneg y broses hon gyda'r llenyddiaeth Ffrangeg halog

The German literati reversed this process with the profane French literature

Ysgrifenasant eu nonsens athronyddol o dan y gwreiddiol Ffrengig

They wrote their philosophical nonsense beneath the French original

Er enghraifft, o dan feirniadaeth Ffrainc o swyddogaethau economaidd arian, fe wnaethant ysgrifennu "Dieithrio Dynoliaeth"

For instance, beneath the French criticism of the economic functions of money, they wrote "Alienation of Humanity"

O dan feirniadaeth Ffrainc o Wladwriaeth Bourgeoisie fe wnaethant ysgrifennu "dethronement of the Category of the General"

beneath the French criticism of the Bourgeoisie State they wrote "dethronement of the Category of the General"

Cyflwyno'r ymadroddion athronyddol hyn yng nghefn y beirniadaethau hanesyddol Ffrangeg a ddeudasant:

The introduction of these philosophical phrases at the back of the French historical criticisms they dubbed:

"Athroniaeth Gweithredu," "Sosialaeth Gwir," "Gwyddoniaeth Sosialaeth Almaeneg," "Sefydliad Athronyddol Sosialaeth," ac yn y blaen

"Philosophy of Action," "True Socialism," "German Science of Socialism," "Philosophical Foundation of Socialism," and so on

Felly cafodd llenyddiaeth Sosialaidd a Comiwnyddol Ffrainc ei ffugio'n llwyr

The French Socialist and Communist literature was thus completely emasculated

yn nwylo'r athronwyr Almaenig peidiodd mynegi brwydr un dosbarth gyda'r llall

in the hands of the German philosophers it ceased to express the struggle of one class with the other

ac felly roedd athronwyr yr Almaen yn teimlo'n ymwybodol o fod wedi goresgyn "unochrogrwydd Ffrengig"

and so the German philosophers felt conscious of having overcome "French one-sidedness"

Nid oedd yn rhaid iddo gynrychioli gwir ofynion, yn hytrach, roedd yn cynrychioli gofynion y gwirionedd

it did not have to represent true requirements, rather, it

represented requirements of truth

**nid oedd diddordeb yn y proletariat, yn hytrach, roedd
diddordeb yn y natur ddynol**

there was no interest in the proletariat, rather, there was
interest in Human Nature

**Roedd y diddordeb mewn Dyn yn gyffredinol, sy'n perthyn
i ddim dosbarth, ac nid oes ganddo realiti**

the interest was in Man in general, who belongs to no class,
and has no reality

**Dyn sy'n bodoli yn unig ym myd diflastod ffantasi
athronyddol**

a man who exists only in the misty realm of philosophical
fantasy

**ond yn y pen draw fe gollodd y bachgen ysgol hwn
Sosialaeth Almaenig ei diniweidrwydd pedantig hefyd**

but eventually this schoolboy German Socialism also lost its
pedantic innocence

**ymladdodd y Bourgeoisie Almaenig, ac yn enwedig y Prwsia
Bourgeoisie yn erbyn aristocratiaeth ffiwdal**

the German Bourgeoisie, and especially the Prussian
Bourgeoisie fought against feudal aristocracy

**roedd brenhiniaeth absoliwt yr Almaen a Prwsia hefyd yn
cael eu twyllo yn erbyn**

the absolute monarchy of Germany and Prussia was also
being faught against

**Ac yn ei dro, daeth llenyddiaeth y mudiad rhyddfrydol yn
fwy difrifol hefyd**

and in turn, the literature of the liberal movement also became
more earnest

Cynigiwyd cyfle "gwir" sosialaeth yr Almaen am amser hir

Germany's long wished-for opportunity for "true" Socialism
was offered

**y cyfle i wynebu'r mudiad gwleidyddol gyda'r gofynion
Sosialaidd**

the opportunity of confronting the political movement with
the Socialist demands

y cyfle i hyrddio'r anathemas traddodiadol yn erbyn rhyddfrydiaeth

the opportunity of hurling the traditional anathemas against liberalism

y cyfle i ymosod ar lywodraeth gynrychioliadol a chystadleuaeth Bourgeoisie

the opportunity to attack representative government and Bourgeoisie competition

Rhyddid Bourgeoisie y wasg, deddfwriaeth Bourgeoisie, rhyddid Bourgeoisie a chydraddoldeb

Bourgeoisie freedom of the press, Bourgeoisie legislation, Bourgeoisie liberty and equality

Erbyn hyn gallai pob un o'r rhain yn cael eu beirniadu yn y byd go iawn, yn hytrach nag mewn ffantasi

all of these could now be critiqued in the real world, rather than in fantasy

Roedd aristocratiaeth ffiwdal a brenhiniaeth absoliwt wedi pregethu ers amser maith i'r llu

feudal aristocracy and absolute monarchy had long preached to the masses

"Nid oes gan y gweithiwr unrhyw beth i'w golli, ac mae ganddo bopeth i'w ennill"

"the working man has nothing to lose, and he has everything to gain"

roedd mudiad Bourgeoisie hefyd yn cynnig cyfle i wynebu'r plasitudes hyn

the Bourgeoisie movement also offered a chance to confront these platitudes

roedd beirniadaeth Ffrainc yn rhagdybio bodolaeth cymdeithas fodern Bourgeoisie

the French criticism presupposed the existence of modern Bourgeoisie society

Bourgeoisie amodau economaidd bodolaeth a chyfansoddiad gwleidyddol Bourgeoisie

Bourgeoisie economic conditions of existence and Bourgeoisie political constitution

yr union bethau y mae eu cyrhaeddiad oedd gwrthrych y
frwydr sydd ar ddod yn yr Almaen
the very things whose attainment was the object of the
pending struggle in Germany
Cefnodd adlam gwirion yr Almaen o sosialaeth y nodau hyn
yn unig yn y nick of time
Germany's silly echo of socialism abandoned these goals just
in the nick of time
Roedd gan y llywodraethau absoliwt eu canlynol o
barsonau, athrawon, sgweieri gwlad a swyddogion
the absolute governments had their following of parsons,
professors, country squires and officials
cyfarfu llywodraeth yr amser â chodiadau dosbarth
gweithiol yr Almaen gyda fflangellau a bwledi
the government of the time met the German working-class
risings with floggings and bullets
iddyn nhw roedd sosialaeth hon yn bwgan groeso yn erbyn
y Bourgeoisie bygythiol
for them this socialism served as a welcome scarecrow against
the threatening Bourgeoisie
ac roedd llywodraeth yr Almaen yn gallu cynnig pwdin
melys ar ôl y tabledi chwerw a roddodd
and the German government was able to offer a sweet dessert
after the bitter pills it handed out
felly roedd y Sosialaeth "Gwir" hon yn gwasanaethu'r
llywodraethau fel arf ar gyfer ymladd y Bourgeoisie
Almaeneg
this "True" Socialism thus served the governments as a
weapon for fighting the German Bourgeoisie
ac, ar yr un pryd, roedd yn cynrychioli diddordeb adweithiol
yn uniongyrchol; Y Philistiaid Almaenig
and, at the same time, it directly represented a reactionary
interest; that of the German Philistines
Yn yr Almaen, y dosbarth Bourgeoisie bach yw sail
gymdeithasol go iawn cyflwr presennol pethau.
In Germany the petty Bourgeoisie class is the real social basis

of the existing state of things

Addasiad o'r unfed ganrif ar bymtheg sydd wedi bod yn cropio'n gyson o dan wahanol ffurfiau

a relique of the sixteenth century that has constantly been cropping up under various forms

Er mwyn cadw'r dosbarth hwn yw gwarchod cyflwr presennol pethau yn yr Almaen.

To preserve this class is to preserve the existing state of things in Germany

Mae goruchafiaeth ddiwydiannol a gwleidyddol y Bourgeoisie yn bygwth y Bourgeoisie bach gyda rhai dinistr

The industrial and political supremacy of the Bourgeoisie threatens the petty Bourgeoisie with certain destruction

ar y naill law, mae'n bygwth dinistrio'r Bourgeoisie bach trwy ganolbwyntio cyfalaf

on the one hand, it threatens to destroy the petty Bourgeoisie through the concentration of capital

ar y llaw arall, mae'r Bourgeoisie yn bygwth ei dinistrio trwy gynnydd proletariat chwyldroadol

on the other hand, the Bourgeoisie threatens to destroy it through the rise of a revolutionary proletariat

Ymddengys sosialaeth "Gwir" i ladd y ddau aderyn hyn gydag un garreg. Mae'n lledaenu fel epidemig

"True" Socialism appeared to kill these two birds with one stone. It spread like an epidemic

Gwisg cobwebs hapfasnachol, wedi'i frodio â blodau o rethreg, wedi'i drwytho yn y gwlith o deimlad sâl

The robe of speculative cobwebs, embroidered with flowers of rhetoric, steeped in the dew of sickly sentiment

y fantell drosgynnol hon lle lapiodd Sosialwyr yr Almaen eu "gwirioneddau tragwyddol" truenus

this transcendental robe in which the German Socialists wrapped their sorry "eternal truths"

yr holl groen ac asgwrn, a wasanaethir i gynyddu gwerthiant eu nwyddau ymhlith y fath gyhoeddus yn rhyfeddol

all skin and bone, served to wonderfully increase the sale of their goods amongst such a public

Ac ar ei ran, roedd Sosialaeth yr Almaen yn cydnabod, fwy a mwy, ei galw ei hun

And on its part, German Socialism recognised, more and more, its own calling

fe'i galwyd i fod yn gynrychiolydd bombastig y petty-Bourgeoisie Philistine

it was called to be the bombastic representative of the petty-Bourgeoisie Philistine

Roedd yn cyhoeddi cenedl yr Almaen i fod yn genedl enghreifftiol, ac Almaeneg petty Philistine y dyn model

It proclaimed the German nation to be the model nation, and German petty Philistine the model man

I bob cymedr di-nod o'r model dyn model hwn rhoddodd ddehongliad cudd, uwch, Sosialaidd

To every villainous meanness of this model man it gave a hidden, higher, Socialistic interpretation

y dehongliad Sosialaidd uwch, uwch hwn oedd yr union wrthwyneb i'w gymeriad go iawn

this higher, Socialistic interpretation was the exact contrary of its real character

Aeth i'r hyd eithafol o wrthwynebu'n uniongyrchol duedd "dinistriol greulon" comiwnyddiaeth

It went to the extreme length of directly opposing the "brutally destructive" tendency of Communism

a chyhoeddodd ei ddirmyg goruchaf a diduedd o bob brwydr dosbarth

and it proclaimed its supreme and impartial contempt of all class struggles

Gydag ychydig iawn o eithriadau, mae'r holl gyhoeddiadau Sosialaidd a Comiwnyddol a elwir bellach (1847) sy'n cylchredeg yn yr Almaen bellach (1847) yn perthyn i barth y llenyddiaeth faeddus a swynol hon.

With very few exceptions, all the so-called Socialist and Communist publications that now (1847) circulate in Germany belong to the domain of this foul and enervating literature

Sosialaeth Geidwadol, neu Sosialaeth Bourgeoisie
Conservative Socialism, or Bourgeoisie Socialism

Mae rhan o'r Bourgeoisie yn dymuno unioni cwynion cymdeithasol

A part of the Bourgeoisie is desirous of redressing social grievances

er mwyn sicrhau bodolaeth barhaus cymdeithas Bourgeoisie

in order to secure the continued existence of Bourgeoisie society

I'r adran hon mae economegwyr, dyngarwyr, dyngarwyr

To this section belong economists, philanthropists, humanitarians

gwella cyflwr y dosbarth gweithiol a threfnwyr elusen

improvers of the condition of the working class and organisers of charity

aelodau cymdeithasau er mwyn atal creulondeb i anifeiliaid

members of societies for the prevention of cruelty to animals

ffanatig dirwestol, diwygwyr twll a chornel o bob math dychmygol

temperance fanatics, hole-and-corner reformers of every imaginable kind

Yn ogystal, mae'r math hwn o Sosialaeth wedi'i gweithio allan i systemau cyflawn

This form of Socialism has, moreover, been worked out into complete systems

Efallai y byddwn yn dyfynnu "Philosophie de la Misère" Proudhon fel enghraifft o'r ffurf hon.

We may cite Proudhon's "Philosophie de la Misère" as an example of this form

Mae'r Bourgeoisie Sosialaidd eisiau holl fanteision amodau cymdeithasol modern

The Socialistic Bourgeoisie want all the advantages of modern social conditions

ond nid yw'r Bourgeoisie Sosialaidd o reidrwydd eisiau'r brwydrau a'r peryglon sy'n deillio o hynny

but the Socialistic Bourgeoisie don't necessarily want the resulting struggles and dangers

Maent yn dyheu am gyflwr presennol cymdeithas, llai ei elfennau chwyldroadol a dadelfennol

They desire the existing state of society, minus its revolutionary and disintegrating elements

mewn geiriau eraill, maent yn dymuno am Bourgeoisie heb broletariat

in other words, they wish for a Bourgeoisie without a proletariat

Mae'r Bourgeoisie yn naturiol beichiogi'r byd lle mae'n oruchaf i fod y gorau

The Bourgeoisie naturally conceives the world in which it is supreme to be the best

ac mae Sosialaeth Bourgeoisie yn datblygu'r beichiogi cyfforddus hwn i wahanol systemau mwy neu lai cyflawn

and Bourgeoisie Socialism develops this comfortable conception into various more or less complete systems

bydden nhw'n hoffi i'r proletariat orymdeithio yn syth i'r Jerwsalem Newydd gymdeithasol

they would very much like the proletariat to march straightway into the social New Jerusalem

ond mewn gwirionedd mae'n ei gwneud yn ofynnol i'r puteiniwr aros o fewn ffiniau cymdeithas bresennol

but in reality it requires the proletariat to remain within the bounds of existing society

maen nhw'n gofyn i'r proletariat fwrw eu holl syniadau atgas yn ymwneud â'r Bourgeoisie

they ask the proletariat to cast away all their hateful ideas concerning the Bourgeoisie

ceir ail ffurf fwy ymarferol, ond llai systematig, o'r Sosialaeth hon

there is a second more practical, but less systematic, form of this Socialism

Ceisiodd y math yma o sosialaeth ddibrisio pob mudiad chwyldroadol yng ngolwg y dosbarth gweithiol

this form of socialism sought to depreciate every
revolutionary movement in the eyes of the working class

**Maen nhw'n dadlau na allai unrhyw ddiwygio gwleidyddol
yn unig fod o unrhyw fantais iddyn nhw**

they argue no mere political reform could be of any advantage
to them

**Dim ond newid yn yr amodau materol o fodolaeth mewn
cysylltiadau economaidd sydd o fudd**

only a change in the material conditions of existence in
economic relations are of benefit

**Fel comiwnyddiaeth, mae'r math hwn o sosialaeth yn eiriol
dros newid yn amodau materol bodolaeth**

like communism, this form of socialism advocates for a change
in the material conditions of existence

**fodd bynnag, nid yw'r math hwn o sosialaeth o bell ffordd
yn awgrymu diddymu cysylltiadau cynhyrchu Bourgeoisie**

however, this form of socialism by no means suggests the
abolition of the Bourgeoisie relations of production

**dim ond trwy chwyldro y gellir diddymu cysylltiadau
cynhyrchu Bourgeoisie**

the abolition of the Bourgeoisie relations of production can
only be achieved through a revolution

**Ond yn hytrach na chwyldro, mae'r math yma o sosialaeth
yn awgrymu diwygiadau gweinyddol**

but instead of a revolution, this form of socialism suggests
administrative reforms

**a byddai'r diwygiadau gweinyddol hyn yn seiliedig ar
fodolaeth barhaus y cysylltiadau hyn**

and these administrative reforms would be based on the
continued existence of these relations

**Diwygiadau, felly, nad effeithiodd ar y berthynas rhwng
cyfalaf a llafur mewn unrhyw ffordd**

reforms, therefore, that in no respect affect the relations
between capital and labour

**ar y gorau, diwygiadau o'r fath yn lleihau'r gost ac yn
symleiddio gwaith gweinyddol llywodraeth Bourgeoisie**

at best, such reforms lessen the cost and simplify the administrative work of Bourgeoisie government

Mae Sosialaeth Bourgeois yn cyrraedd mynegiant digonol, pryd, a dim ond pan fydd yn dod yn ffigur lleferydd yn unig

Bourgeois Socialism attains adequate expression, when, and only when, it becomes a mere figure of speech

Masnach rydd: er budd y dosbarth gweithiol

Free trade: for the benefit of the working class

Dyletswyddau amddiffynnol: er budd y dosbarth gweithiol

Protective duties: for the benefit of the working class

Diwygio Carchardai: er budd y dosbarth gweithiol

Prison Reform: for the benefit of the working class

Dyma'r gair olaf a'r unig air a olygir o ddifrif am Sosialaeth Bourgeoisie

This is the last word and the only seriously meant word of Bourgeoisie Socialism

Fe'i crynhoir yn yr ymadrodd: mae'r Bourgeoisie yn Bourgeoisie er budd y dosbarth gweithiol

It is summed up in the phrase: the Bourgeoisie is a Bourgeoisie for the benefit of the working class

Sosialaeth a Chomiwnyddiaeth Critical-Utopian
Critical-Utopian Socialism and Communism

Nid ydym yma yn cyfeirio at y llenyddiaeth honno sydd bob amser wedi rhoi llais i ofynion y proletariat

We do not here refer to that literature which has always given voice to the demands of the proletariat

mae hyn wedi bod yn bresennol ym mhob chwyldro modern mawr, megis ysgrifau Babeuf ac eraill

this has been present in every great modern revolution, such as the writings of Babeuf and others

Methodd ymdrechion uniongyrchol cyntaf y proletariat i gyrraedd ei ben ei hun o reidrwydd

The first direct attempts of the proletariat to attain its own ends necessarily failed

gwnaed yr ymdrechion hyn ar adegau o gyffro cyffredinol, pan oedd cymdeithas ffiwdal yn cael ei dymchwel

these attempts were made in times of universal excitement, when feudal society was being overthrown

Arweiniodd cyflwr annatblygedig y proletariat ar y pryd at yr ymdrechion hynny yn methu

the then undeveloped state of the proletariat led to those attempts failing

ac fe fethon nhw oherwydd absenoldeb yr amodau economaidd ar gyfer ei ddatgymalu

and they failed due to the absence of the economic conditions for its emancipation

amodau nad oedd eto i'w cynhyrchu, ac y gellid eu cynhyrchu gan yr epoc Bourgeoisie sydd ar fin digwydd yn unig

conditions that had yet to be produced, and could be produced by the impending Bourgeoisie epoch alone

Roedd gan y llenyddiaeth chwyldroadol a oedd yn cyd-fynd â'r symudiadau cyntaf hyn o'r proletariat gymeriad adweithiol o reidrwydd

The revolutionary literature that accompanied these first

movements of the proletariat had necessarily a reactionary character

Roedd y llenyddiaeth hon yn meithrin asceticiaeth gyffredinol a lefelu cymdeithasol yn ei ffurf amrwd

This literature inculcated universal asceticism and social levelling in its crudest form

Mae'r systemau Sosialaidd a Comiwnyddol, a elwir yn briodol felly, yn dod i fodolaeth yn y cyfnod nas datblygwyd cynnar

The Socialist and Communist systems, properly so called, spring into existence in the early undeveloped period

Disgrifiodd Saint-Simon, Fourier, Owen ac eraill, y frwydr rhwng proletariat a Bourgeoisie (gweler Adran 1)

Saint-Simon, Fourier, Owen and others, described the struggle between proletariat and Bourgeoisie (see Section 1)

Mae sylfaenwyr y systemau hyn yn gweld, yn wir, yr antagoniaethau dosbarth

The founders of these systems see, indeed, the class antagonisms

Maent hefyd yn gweld gweithred yr elfennau dadelfennu, yn ffurf gyffredinol cymdeithas

they also see the action of the decomposing elements, in the prevailing form of society

Ond mae'r proletariat, yn ei fabandod hyd yn hyn, yn cynnig golygfa dosbarth iddynt heb unrhyw fenter hanesyddol

But the proletariat, as yet in its infancy, offers to them the spectacle of a class without any historical initiative

maen nhw'n gweld golygfa dosbarth cymdeithasol heb unrhyw fudiad gwleidyddol annibynnol

they see the spectacle of a social class without any independent political movement

Mae datblygiad antagoniaeth dosbarth yn cadw hyd yn oed yn gyflym gyda datblygiad diwydiant

the development of class antagonism keeps even pace with the development of industry

Felly nid yw'r sefyllfa economaidd yn cynnig iddynt hyd

yma yr amodau materol ar gyfer rhyddhau'r proletariat

so the economic situation does not as yet offer to them the
material conditions for the emancipation of the proletariat

Maent felly'n chwilio am wyddor gymdeithasol newydd, ar
ôl cyfreithiau cymdeithasol newydd, sef creu'r amodau hyn.

They therefore search after a new social science, after new
social laws, that are to create these conditions

Gweithredu hanesyddol yw ildio i'w gweithred ddyfeisgar
bersonol

historical action is to yield to their personal inventive action

amodau rhyddfreino a grëwyd yn hanesyddol yw ildio i
amodau gwych

historically created conditions of emancipation are to yield to
fantastic conditions

a threfniadaeth dosbarth graddol ddigymell y proletariat yw
ildio i drefniadaeth cymdeithas

and the gradual, spontaneous class-organisation of the
proletariat is to yield to the organisation of society

sefydliad cymdeithas a ddadleuir yn arbennig gan y
dyfeiswyr hyn

the organisation of society specially contrived by these
inventors

Mae hanes y dyfodol yn datrys ei hun, yn eu llygaid, i'r
propaganda a chynnal eu cynlluniau cymdeithasol yn
ymarferol

Future history resolves itself, in their eyes, into the
propaganda and the practical carrying out of their social plans

Wrth ffurfio eu cynlluniau, maent yn ymwybodol o ofalu yn
bennaf am fuddiannau'r dosbarth gweithiol

In the formation of their plans they are conscious of caring
chiefly for the interests of the working class

Dim ond o'r safbwynt o fod y dosbarth mwyaf dioddefaint
mae'r proletariat yn bodoli iddyn nhw

Only from the point of view of being the most suffering class
does the proletariat exist for them

Mae cyflwr diddatblygiad y dosbarth yn brwydro a'u

hamgylchedd eu hunain yn llywio eu barn

The undeveloped state of the class struggle and their own surroundings inform their opinions

Mae sosialwyr o'r math hwn yn ystyried eu hunain yn llawer gwell na'r holl antagonisms dosbarth

Socialists of this kind consider themselves far superior to all class antagonisms

Maen nhw eisiau gwella cyflwr pob aelod o gymdeithas, hyd yn oed cyflwr y rhai mwyaf ffafriol

They want to improve the condition of every member of society, even that of the most favoured

Felly, maent fel arfer yn apelio at gymdeithas yn gyffredinol, heb wahaniaeth dosbarth

Hence, they habitually appeal to society at large, without distinction of class

nay, maent yn apelio at gymdeithas yn gyffredinol trwy ddewis y dosbarth sy'n rheoli

nay, they appeal to society at large by preference to the ruling class

iddyn nhw, y cyfan sydd ei angen yw i eraill ddeall eu system

to them, all it requires is for others to understand their system

Oherwydd sut mae pobl yn methu gweld bod y cynllun gorau posib ar gyfer y cyflwr gorau posibl o gymdeithas?

because how can people fail to see that the best possible plan is for the best possible state of society?

Felly, maent yn gwrthod pob gweithred wleidyddol, ac yn enwedig pob un chwyldroadol,

Hence, they reject all political, and especially all revolutionary, action

maent yn dymuno cyflawni eu pen eu hunain trwy ddulliau heddychlon

they wish to attain their ends by peaceful means

Maent yn ymdrechu, trwy arbrofion bach, sydd o reidrwydd yn cael eu tynghedu i fethiant

they endeavour, by small experiments, which are necessarily

doomed to failure

a thrwy rym esiampl maent yn ceisio paratoi'r ffordd ar gyfer yr Efengyl gymdeithasol newydd

and by the force of example they try to pave the way for the new social Gospel

Lluniau mor wych o gymdeithas y dyfodol, wedi'u paentio ar adeg pan fo'r proletariat yn dal i fod mewn cyflwr heb ei ddatblygu iawn

Such fantastic pictures of future society, painted at a time when the proletariat is still in a very undeveloped state

ac nid oes ganddo ond cenhedlu ffantasïol o'i safle ei hun

and it still has but a fantastical conception of its own position

ond mae eu dyhead greddfol cyntaf yn cyfateb i ddeisyfiadau'r proletariat

but their first instinctive yearnings correspond with the yearnings of the proletariat

y ddau yn dyheu am ailadeiladu cymdeithas yn gyffredinol

both yearn for a general reconstruction of society

Ond mae'r cyhoeddiadau Sosialaidd a Comiwnyddol hyn hefyd yn cynnwys elfen hanfodol

But these Socialist and Communist publications also contain a critical element

Maent yn ymosod ar bob egwyddor cymdeithas bresennol

They attack every principle of existing society

Felly maent yn llawn o'r deunyddiau mwyaf gwerthfawr ar gyfer goleuo'r dosbarth gweithiol

Hence they are full of the most valuable materials for the enlightenment of the working class

Maent yn cynnig diddymu'r gwahaniaeth rhwng y dref a'r wlad, a'r teulu

they propose abolition of the distinction between town and country, and the family

diddymu diwydiant ar gyfer cyfrif unigolion preifat

the abolition of the carrying on of industries for the account of private individuals

a diddymu'r system gyflog a chyhoeddi cytgord

cymdeithasol
and the abolition of the wage system and the proclamation of social harmony

trosi swyddogaethau'r Wladwriaeth yn arolygiaeth cynhyrchu yn unig
the conversion of the functions of the State into a mere superintendence of production

Mae'r holl gynigion hyn, yn tynnu sylw at ddiflaniad antagoniaethau dosbarth yn unig
all these proposals, point solely to the disappearance of class antagonisms

Ar y pryd, roedd antagoniaethau dosbarth yn unig yn neidio i fyny
class antagonisms were, at that time, only just cropping up

Yn y cyhoeddiadau hyn, caiff antagoniaethau dosbarth hyn eu cydnabod yn eu ffurfiau cynharaf, amhenodol a diffiniedig yn unig.
in these publications these class antagonisms are recognised in their earliest, indistinct and undefined forms only

Mae'r cynigion hyn, felly, o gymeriad Utopaidd yn unig
These proposals, therefore, are of a purely Utopian character

Mae arwyddocâd Sosialaeth a Chomiwnyddiaeth Critical-Utopian yn cynnwys perthynas wrthdro â datblygiad hanesyddol
The significance of Critical-Utopian Socialism and Communism bears an inverse relation to historical development

Bydd y frwydr dosbarth modern yn datblygu ac yn parhau i gymryd siâp pendant
the modern class struggle will develop and continue to take definite shape

Bydd y statws gwych hwn o'r gystadleuaeth yn colli'r holl werth ymarferol
this fantastic standing from the contest will lose all practical value

Bydd yr ymosodiadau gwych hyn ar antagoniaethau

dosbarth yn colli'r holl gyfiawnhad damcaniaethol
these fantastic attacks on class antagonisms will lose all
theoretical justification

**Roedd gwreiddiau'r systemau hyn, mewn sawl ffordd, yn
chwyldroadol**
the originators of these systems were, in many respects,
revolutionary

**ond ym mhob achos y mae eu disgyblion wedi ffurfio sectau
adweithiol yn unig**
but their disciples have, in every case, formed mere
reactionary sects

Maent yn dal yn dynn at farn wreiddiol eu meistri
They hold tightly to the original views of their masters

**ond mae'r safbwyntiau hyn yn groes i ddatblygiad
hanesyddol blaengar y proletariat**
but these views are in opposition to the progressive historical
development of the proletariat

**Felly, maent yn ymdrechu, a hynny'n gyson, i ddistewi'r
frwydr dosbarth**
They, therefore, endeavour, and that consistently, to deaden
the class struggle

**ac maent yn ymdrechu'n gyson i gysoni'r antagoniaethau
dosbarth**
and they consistently endeavour to reconcile the class
antagonisms

**Maent yn dal i freuddwydio am wireddu eu Utopias
cymdeithasol arbrofol**
They still dream of experimental realisation of their social
Utopias

**Maent yn dal i freuddwydio am sefydlu "phalansteres"
ynysig a sefydlu "Cytrefi Cartref"**
they still dream of founding isolated "phalansteres" and
establishing "Home Colonies"

**maen nhw'n breuddwydio am sefydlu "Icaria Fach" —
Duodecimo rhifynnau o'r Jerusalem Newydd**
they dream of setting up a "Little Icaria"—duodecimo editions

of the New Jerusalem

ac maen nhw'n breuddwydio gwireddu'r holl gestyll hyn yn yr awyr

and they dream to realise all these castles in the air

Maent yn cael eu gorfodi i apelio at deimladau a phwrars y bourgeois

they are compelled to appeal to the feelings and purses of the bourgeois

Erbyn graddau maent yn suddo i gategori'r Sosialwyr ceidwadol adweithiol a ddangosir uchod

By degrees they sink into the category of the reactionary conservative Socialists depicted above

Maent yn wahanol i'r rhain yn unig gan addysgeg fwy systematig

they differ from these only by more systematic pedantry

ac maent yn wahanol gan eu cred ffanatig ac ofergoelus yn effeithiau gwyrthiol eu gwyddor gymdeithasol

and they differ by their fanatical and superstitious belief in the miraculous effects of their social science

Felly, maent yn gwrthwynebu'n dreisgar yr holl gamau gwleidyddol ar ran y dosbarth gweithiol

They, therefore, violently oppose all political action on the part of the working class

Gall gweithredu o'r fath, yn ôl iddynt, ond yn deillio o anghrediniaeth ddall yn yr Efengyl newydd

such action, according to them, can only result from blind unbelief in the new Gospel

Mae'r Oweniaid yn Lloegr, a'r Fourierists yn Ffrainc, yn eu tro, yn gwrthwynebu'r Siartwyr a'r "Réformistes"

The Owenites in England, and the Fourierists in France, respectively, oppose the Chartists and the "Réformistes"

Sefyllfa'r Comiwnyddion mewn perthynas â'r gwahanol bleidiau gwrthgyferbyniad presennol

Position of the Communists in Relation to the Various Existing Opposision Parties

Mae Adran II wedi egluro cysylltiadau'r Comiwnyddion â'r pleidiau dosbarth gweithiol presennol.

Section II has made clear the relations of the Communists to the existing working-class parties

megis y Siartwyr yn Lloegr, a'r Diwygwyr Amaethyddol yn America

such as the Chartists in England, and the Agrarian Reformers in America

Mae'r Comiwnyddion yn ymladd dros gyflawni'r nodau uniongyrchol

The Communists fight for the attainment of the immediate aims

Maent yn ymladd dros orfodi buddiannau momentary y dosbarth gweithiol

they fight for the enforcement of the momentary interests of the working class

ond yn symudiad gwleidyddol y presennol, maent hefyd yn cynrychioli ac yn gofalu am ddyfodol y mudiad hwnnw

but in the political movement of the present, they also represent and take care of the future of that movement

Yn Ffrainc, mae'r Comiwnyddion yn cynghreirio eu hunain gyda'r Democratiaid Cymdeithasol

In France the Communists ally themselves with the Social-Democrats

ac maent yn gosod eu hunain yn erbyn y Bourgeoisie ceidwadol a radical

and they position themselves against the conservative and radical Bourgeoisie

fodd bynnag, maent yn cadw'r hawl i ymgymryd â sefyllfa feirniadol mewn perthynas ag ymadroddion a rhithiau a drosglwyddir yn draddodiadol o'r Chwyldro Mawr

however, they reserve the right to take up a critical position in regard to phrases and illusions traditionally handed down from the great Revolution

Yn y Swistir maen nhw'n cefnogi'r Radicaliaid, heb golli golwg ar y ffaith bod y blaid hon yn cynnwys elfennau gwrthgyferbyniol

In Switzerland they support the Radicals, without losing sight of the fact that this party consists of antagonistic elements

yn rhannol o Sosialwyr Democrataidd, yn yr ystyr Ffrengig, yn rhannol o Bourgeoisie radical

partly of Democratic Socialists, in the French sense, partly of radical Bourgeoisie

Yng Ngwlad Pwyl maen nhw'n cefnogi'r blaid sy'n mynnu chwyldro amaethyddol fel y prif gyflwr ar gyfer rhyddfreinio cenedlaethol

In Poland they support the party that insists on an agrarian revolution as the prime condition for national emancipation

y blaid honno a ymladdodd wrthryfel Cracow yn 1846

that party which fomented the insurrection of Cracow in 1846

Yn yr Almaen maent yn ymladd gyda'r Bourgeoisie pryd bynnag y mae'n gweithredu mewn ffordd chwyldroadol

In Germany they fight with the Bourgeoisie whenever it acts in a revolutionary way

yn erbyn y frenhiniaeth absoliwt, y squirearchaeth dwyfol, a'r petha Bourgeoisie

against the absolute monarchy, the feudal squirearchy, and the petty Bourgeoisie

Ond dydyn nhw byth yn rhoi'r gorau iddi, am un eiliad, i ymuno â'r dosbarth gweithiol un syniad penodol

But they never cease, for a single instant, to instil into the working class one particular idea

y gydnabyddiaeth gliriaf bosibl o'r antagoniaeth elyniaethus rhwng Bourgeoisie a phroletariat

the clearest possible recognition of the hostile antagonism between Bourgeoisie and proletariat

fel y gall gweithwyr yr Almaen ddefnyddio'r arfau sydd ar

gael iddynt ar unwaith

so that the German workers may straightaway use the weapons at their disposal

yr amodau cymdeithasol a gwleidyddol y mae'n rhaid i'r Bourgeoisie eu cyflwyno o reidrwydd ynghyd â'i oruchafiaeth

the social and political conditions that the Bourgeoisie must necessarily introduce along with its supremacy

mae cwymp y dosbarthiadau adweithiol yn yr Almaen yn anochel

the fall of the reactionary classes in Germany is inevitable

ac yna gall y frwydr yn erbyn y Bourgeoisie ei hun ddechrau ar unwaith

and then the fight against the Bourgeoisie itself may immediately begin

Mae'r Comiwnyddion yn troi eu sylw'n bennaf at yr Almaen, oherwydd bod y wlad honno ar drothwy chwyldro Bourgeoisie

The Communists turn their attention chiefly to Germany, because that country is on the eve of a Bourgeoisie revolution

chwyldro sy'n sicr o gael ei gyflawni o dan amodau mwy datblygedig gwareiddiad Ewropeaidd

a revolution that is bound to be carried out under more advanced conditions of European civilisation

ac mae'n sicr o gael ei gynnal gyda phroletariat llawer mwy datblygedig

and it is bound to be carried out with a much more developed proletariat

roedd proletariat yn fwy datblygedig nag un Lloegr yn yr ail ganrif ar bymtheg, ac o Ffrainc yn y ddeunawfed ganrif

a proletariat more advanced than that of England was in the seventeenth, and of France in the eighteenth century

ac oherwydd y bydd chwyldro Bourgeoisie yn yr Almaen ond y rhagarweiniad i chwyldro proletarian yn syth ar ôl y chwyldro proletaidd

and because the Bourgeoisie revolution in Germany will be

but the prelude to an immediately following proletarian revolution

Yn fyr, mae'r Comiwnyddion ym mhobman yn cefnogi pob symudiad chwyldroadol yn erbyn trefn gymdeithasol a gwleidyddol bresennol pethau.

In short, the Communists everywhere support every revolutionary movement against the existing social and political order of things

Yn yr holl symudiadau hyn y maent yn dod i'r amlwg, fel y prif gwestiwn ym mhob un, mae'r eiddo'n cwestiynu

In all these movements they bring to the front, as the leading question in each, the property question

ni waeth beth yw ei radd o ddatblygiad yn y wlad honno ar y pryd

no matter what its degree of development is in that country at the time

Yn olaf, maent yn llafurio ym mhobman dros yr undeb a chytundeb pleidiau democrataidd pob gwlad

Finally, they labour everywhere for the union and agreement of the democratic parties of all countries

Mae'r Comiwnyddion yn disdain i guddio eu barn a'u nodau

The Communists disdain to conceal their views and aims

Maent yn datgan yn agored mai dim ond trwy ddymchwel yr holl amodau cymdeithasol presennol y gellir dod i'w pen draw.

They openly declare that their ends can be attained only by the forcible overthrow of all existing social conditions

Gadewch i'r dosbarthiadau sy'n rheoli grynu mewn chwyldro Comiwnyddol

Let the ruling classes tremble at a Communistic revolution

Nid oes gan y puteiniaid ddim i'w golli ond eu cadwyni

The proletarians have nothing to lose but their chains

Mae ganddyn nhw fyd i'w ennill

They have a world to win

DYNION O BOB GWLAD, YN UNO!
WORKING MEN OF ALL COUNTRIES, UNITE!

www.ingramcontent.com/pod-product-compliance
Lightning Source LLC
Chambersburg PA
CBHW011740020426
42333CB00024B/2975